SALADE DE MOTS A L'USAGE DES GENS QUI LISENT AUX *vécés*

Lecture de cabinet

Domi Montésinos

DU MÊME AUTEUR

- ❖ Mamilou et Grand-père en short autour du monde 1
- ❖ Mamilou et Grand-père en short autour du monde 2
- ❖ Mamilou et Grand-père en short autour du monde 3
- ❖ La Belle et le bouchon gras
- ❖ Les Admos

Site d'auteur : https://domimontesinos.com

© 2023 Domi Montésinos
Édition : BoD – Books on Demand, info@bod.fr
Impression : BoD – Books on Demand,
In de Tarpen 42, Norderstedt (Allemagne)
Impression à la demande
ISBN : 978-2-3220-8258-2
Dépôt légal : Février 2023.

Préface

Nous, les «sapiens», ne sommes pas tous identiques, tant s'en faut…

Cependant, certaines caractéristiques, disons « basiques », concernent tout le monde, ou presque.

Un exemple, au hasard : chaque jour ou presque, nous allons tous passer un temps, plus ou moins long, dans un lieu solitaire, où la bouche doit se taire, mais les sphincters point…

Et là encore, les comportements sont très variés, allant de la simple méditation à la frénésie téléphonico-cliqueuse compulsive, sans oublier, bien entendu, la lecture.

Je ne citerais personne. Mais déjà, rien que dans mes amis proches, le nombre de ceux qui disposent de livres et journeaux au « petit coin » est plus important que celui des astucieux qui y ont installé une prise USB, au cas où…

Bref, revenons à notre salade.

Ce modeste ouvrage, reprenant des textes qui figurent dans le site *domimontesinos.com*, a pour vocation première de trôner en bonne place dans les lieux d'aisance des gens qui sont des adeptes de la décontraction annale par la lecture.

Puisse-t-il participer à détendre, l'atmosphère, certes, mais aussi les multiples muscles et autres viscères concernés, afin de rendre toute leur noblesse à ces instants de méditation nécessaires…

Et donc, je vous souhaite à toutes et à tous un excellent transit…

Changer le bébé

Les toilettes de restaurants sont parfois le théâtre de réflexions surprenantes, générées par tel ou tel détail original tout autant qu'incongru.

À l'issue d'un déjeuner ordinaire dans une charmante crêperie de Saint-Pol-de-Léon (la très fameuse patrie de l'artichaut), voici qu'une légitime envie d'uriner dirige mes pas vers le local prévu à cet effet.

J'entre. Debout, face au bocal de porcelaine, j'adopte rapidement la posture un peu ridicule de celui qui « attend que ça vienne ». Et puis, mon regard vagabonde nonchalamment sur les détails d'ameublement et de décoration de ce lieu solitaire.

Traditionnellement, dans cet espace de liberté contenue et de verbiage limité, la bouche se tait pour laisser d'autres parties de nos anatomies s'exprimer en paix…

Soudain, devant mes yeux raisonnablement ébahis, une manière de boite parallélépipédique, plaquée au mur, attire mon attention par cette inscription improbable : « Changer le bébé » !

« Changer le bébé » ! Je rêve.

Ainsi donc, ici, celui qui s'estime insatisfait de son rejeton pour quelque motif que ce soit, qu'il s'agisse de pleurs incessants, de cris stridents ou de sa tronche de cake, pourrait se le faire reprendre ! Ceci afin de l'échanger contre un modèle plus seyant !

Je pensais la chose impossible…

Je remets rapidement en lieu sûr l'objet de ma présence en ce réduit, bien au chaud du côté gauche du slip, vu que c'est là que je porte…

Puis, je me précipite vers le comptoir avec un enthousiasme peu coutumier chez quelqu'un qui sort des latrines.

M'adressant à la patronne :

« Madame, je viens de prendre connaissance de votre annonce "changer le bébé" et je dois vous confesser que cette proposition m'intéresse au plus haut point. Donc, si j'ai bien compris, vous seriez d'accord de récupérer le petit crétin qui m'empêche de dormir toutes les nuits pour m'en fournir un modèle plus silencieux à la place ? C'est ça ? »

« Pas du tout » rétorque la directrice.

« Je peux effectivement vous débarrasser de votre lardon frelaté, mais je vous l'échange contre son poids en artichauts de chez mon beau-frère qui est agriculteur. C'est à prendre ou à laisser ! »

Si ce n'est pas de la publicité trompeuse, vous me direz ce que c'est… L'artichaut, on en jette les trois-quarts, alors qu'on n'a pas le droit de faire ça avec le bébé…

Nourrir son enfant au sein, ce n'est pas la mer à boire et pourtant, c'est la mère à boire…

Une bonne bouteille à la mer aux îles San Blas

Quelle est la destinée potentielle d'une bouteille jetée à la mer, du côté d'Antigua, par exemple ?

Les alizés « ordinaires » la pousseront vers l'ouest, probablement…

Lancée depuis l'arc antillais, elle ira sans doute s'échouer chez leurs proches voisins, Saint-Barths, Saint Martin, ou Saint-Kitts.

Mais jamais à Mamitupu, au Kuna Yala, au fin fond des Caraïbes…

Le quotidien des habitants, aux San Blas

Les conditions de vie des habitants de Mamitupu_n'ont que très peu évoluées depuis des décennies séculaires…

C'est vous dire la rudesse de leurs existences et la rareté des séances de « poilade ».

Cependant, un jour que la lune était pleine, la chance, le hasard, ou le destin adopta une de ces étranges facéties qui défient les pronostics les plus affûtés.

Ainsi, une brave petite indigène, accomplissant sa quotidienne donation à dame nature, tomba nez à goulot sur une bonne bouteille qui venait de faire côte, juste à ses pieds !

Elle était la fille d'un indien Kuna et loin d'être une Kunasse ordinaire…

C'était même une personne fort instruite qui lisait et comprenait parfaitement le français.

Mais, comment se peut-ce ?

J'y arrive.

Il se trouve qu'un navigateur français qui chartérisait dans le quartier, il y a de ça quelques années, fit malencontreusement naufrage en ces contrées lointaines.

La pauvre môme n'était encore qu'une petite enfant.

Mais, même pas sevrée, elle n'avait déjà plus de papa.

Son bonhomme de père avait été dévoré, moitié par un requin et l'autre partie par un crocodile.

Ce drame s'était produit un jour qu'il se rendait à la forêt, sur le continent, à bord de son cayuco.

Ceci en vue d'y procéder à la cueillette de plantes médicinales à cinq feuilles qui prolifèrent là en toute simplicité.

Tout le monde sait combien sont dangereuses ces expéditions…

La maman de la petite qui n'était pas spécialement timide recueillit le misérable naufragé.

Tant bien que mal, elle parvint à le nourrir… au sein ! Car, bien que très pauvre, elle n'en était pas moins copieusement tétonnée.

L'homme reconnaissant (on le serait à moins…) décida de rester et de se rendre utile.

C'est ce magnifique et généreux choix qui permit bientôt à l'enfant d'accéder aux subtilités de la langue de Molière.

Et alors, dans cette bonne bouteille, il y avait quoi ?

Bref, que découvrit la demoiselle à l'intérieur du bocal en verre, dont l'étiquette « Père Labat 59° » disparaissait sous les berniques, les anémones de mer et les crottes de raies léopard ?

Eh, bien, c'était la composition du fameux grog « spécial anti-covid » qui se trouve à la disposition du public dans ce livre, à la rubrique au titre troublant tout autant qu'évocateur :

« Un remède de grand-père ».

Certaines lectrices connaissent la recette et quelques potes épicuriens le goût, mais pas les Indiens Kuna...

La jeune femme en dévora le contenu épistolaire avec avidité, avant de s'effondrer, éclatant en sanglots longs et monotones... en plein été.

Inconsolable, elle ne parvenait pas du tout à endiguer le flot de larmes qui dégoulinait en cascade salée sur son immense désespoir pour la soif.

Ce qui se conçoit aisément...

Mais pourquoi un tel désespoir ?

Nous y voilà...

Les effets du vilain virus n'étant toujours pas maîtrisés, en dépit de dix-neuf mois de confinement, Yolanda (c'est son nom...) venait de comprendre l'étendue de son infortune.

Logiquement elle aurait dû se réjouir puisqu'elle entrait en possession du secret de l'exacte composition de l'élixir miraculeux...

Mieux, la plupart des ingrédients de la fameuse potion en étaient plus ou moins facilement disponibles au Kuna Yala et ailleurs...

Sauf... que c'est précisément là que naissait son légitime désappointement.

Comment pouvait-elle espérer se procurer, ne serait-ce que quelques gouttes, de ce magistral et indispensable « lambic breizh », plus connu en Gaule orientale sous le vocable poétique et mystérieux de « Goutte à Hubert » ?

Même chez les plus proches amis d'Hub'Huch (c'est le surnom du Monsieur « Gnôle »…), ainsi que chez ses plus aimants beaux-frères, le produit était devenu d'une rareté exceptionnelle.

En clair, l'élixir à Hubert, il n'en restait presque plus… Il avait disparu des étagères de toutes les armoires bretonnes. Effacé des plus astucieuses cachettes. Rayé de toutes les cartes des vins et spiritueux !

Mai comment se peut-ce ?

Ah, voilà une excellente question que je vous remercie de m'avoir posée !

Tout ça à cause d'un excentrique professeur marseillais que je me garderais bien de citer, car il ne m'a rien promis en échange…

En effet, additionnée à la bonne vieille nivaquine, universellement usitée et dont il était, lui-même très friand, cette sommité médicale en avait fait un produit d'immunisation planétaire que le monde entier s'arrachait à présent…

Un véritable sirop magique auquel aucun virus ne pouvait résister !

D'où, pénurie…

Et donc, impossibilité pour la jeune femme de faire fortune avec sa nouvelle recette.

Ce n'est pas ballot, ça ?

Reconnaissons qu'elle avait une sérieuse raison de larmoyer abondamment la petite.

Saint-Valentin fête des amoureux transis…

Ou arnaque commerciale ?

Quelques éléments de réponse dans notre enquête, scientifique, mais pas trop…

Alors, les gens, sommes-nous censés être particulièrement aimants à la Saint Valentin ? Et, dans ce cas, pourquoi ?

Une bonne nuit de sommeil, consécutive à quelques agapes raisonnables, m'a persuadé d'approfondir le sujet…

Et voilà :

Une étude sérieuse, menée par des historiens dignes de foi, avance que cette fête correspondrait à un moment de la saison que les **puffins** choisissent pour s'accoupler… (Source « fesse-bouc », c'est vous dire le sérieux).

D'autre part, le dictionnaire définit l'expression « être transi » par : « être pénétré, comme transpercé par une sensation ou un sentiment, etc. ».

Ainsi, un « amoureux transi » le serait, d'après ce même dico, de par son attitude qualifiée de : « tremblant et timide ». Oups…

Que penser de toutes ces considérations sidérantes ?

Réfléchissons sur cette Saint-Valentin.

Voici donc qu'une amoureuse se trouverait, le quatorze février, « pénétrée et transpercée »…

Un peu excessif me semble-t-il, même si ça peut se concevoir.

De même, que cette inconfortable situation soit le fait d'un amant « tremblant et timide », le doute m'habite…

Vous voulez mon avis ?

Bon, d'accord.

Je crois que nous sommes en présence d'une horrible méprise internationale.

Il apparait évident, en effet, que, si les amoureux sont globalement « transis » en ce jour glacial, c'est tout simplement parce que c'est l'hiver. Et que donc, « ça caille *grâve* », et pis c'est tout !

Aucune timidité ni aucun tremblement ne sont associés à ces effets des froidures de cette frileuse saison. Tout le reste n'est que supputations académiques infondées !

Foutons la paix aux piafs, surtout les puffins, spécialement le jour de la Saint-Valentin

Inutile d'aller mouiller là-dedans quelques malheureux volatiles qui sont, c'est de notoriété biblique, peu sensibles au calendrier, dès lors qu'il s'agit d'œuvrer à la continuité de l'espèce. Quand ça les démange, ils copulent sans se poser de question, quelle que soit la saison.

Comme qui dirait, ils se laissent le choix dans la date…

Et nous autres, bipèdes humanoïdes, ferions bien d'en faire autant.

Alors, soyons honnêtes,

La Saint-Valentin, ça sert surtout à **se faire des câlins** bien torrides, pour se réchauffer au cœur de l'hiver. Voilà tout.

Éloge justifié et argumenté de la communion apéritive

Ah, l'apéro !

Est-ce un vice ou une savante alchimie à caractère essentiellement convivial ?

Examinons ensemble, devant un verre, ce qu'il en est vraiment…

Après mure réflexion et avant que le temps ne se gâte, c'est avec une émotion carabinée et la certitude d'être compris par ceux qui se sentent concernés par la communion qui ouvre l'appétit, que je vous fais part du vague projet de « code de bonne conduite apéritive ».

Appréciez-en les termes ci-dessous.

Et veuillez bien noter que ces conclusions sont le résultat d'une réflexion abondamment mûrie et maintes fois pétrie, entre les oreillettes et les ventricules de mon esprit occasionnellement clairvoyant, bien que pas toujours…

Cette petite précision afin d'éluder sans délai la trop facile et dangereusement hâtive analyse parfaitement inappropriée : « encore un délire de pochetron ».

C'eut pu être le cas, mais là, non !

La communion apéritive, un acte civique d'importance capitale

La communion apéritive, plus communément appelée « apéro », est un acte civique bien loin d'être anodin.

Important facteur de cohésion sociale, il ne saurait en aucun cas (même pas en cas de légitime défonce…), être considéré comme « facultatif ».

Il m'est apparu de manière tout à fait limpide qu'il était absolument nécessaire d'être bien clair sur ce point, afin d'éviter les funestes dérives dont j'ai trop souvent été le témoin dépité.

Faut-il rendre la communion apéritive obligatoire pour tous ?

Pour autant, étant en république et compte tenu de la dangereuse multiplication actuelle des exigences et interdictions discutables, il est impensable de donner à la communion apéritive, par nature conviviale et festive, un caractère imposé. Ceci ne parviendrait, sans doute, qu'à ternir son éclat naturel,

Et puis, imaginez les modalités d'application et de contrôle…

Pourquoi pas un « picol'R code » ou un « passapéro », avec des amandes à la place des caouètes, pour les contrevenants ?

Hop, hop, hop : pas de ça chez nous !

La communion apéritive est donc fortement recommandée, sans être obligatoire…

Un exemple :

Nous sommes à l'aurore d'une sympathique journée ordinaire…

Supposons la première tournée proche de sa fin de vie et simultanément de la marée basse.

Le temps sera venu d'en « préconiser fermement » une autre…

Nous y voilà ! Et c'est justement ça ma suggestion…

Bel exemple, non ?…

La communion apéritive, un devoir citoyen

Ainsi, chaque individu se sentira pénétré du devoir moral de se poser cette question essentielle, préalable à un repas :

« Alors, **apéro** ?… », Bref et clair à la fois.

Cette saine interrogation concernant la communion apéritive interviendra de manière quotidienne en semaine et, pourquoi pas, deux fois les jours de repos… (ce n'est qu'une suggestion…).

En cas de réponse positive, pas de temps à perdre.

En cas de réponse négative à cette vitale question, en ma qualité d'expert reconnu en ce domaine, j'engage toute personne en pleine possession des ingrédients nécessaires à se poser sans délai l'interrogation suivante :

« Quand, alors ? »

La communion apéritive, un ciment social incomparable

Les conditions d'application de l'apéro sont indiscutablement multiples et variées. Elles s'étendent du simple plaisir solitaire jusques aux plus fastueuses ribouldingues en bandes organisées… Il ne saurait donc être question d'envisager d'en délimiter les contours, aussi flous fussent-ils…

Mon humble préconisation, basée sur un paquet de décennies de pratique assidue, pourrait alors s'énoncer ainsi :

« Plus on est de flous plus Henri en rit.

Chacun fait comme ils le sont dans leurs verres et dans le respect des truies, *faut juste* pas en renverser… »

(J'engage ceux qui trouvent que cette phrase ne veut absolument rien dire à reboire un coup avant de me le signifier poliment et ultérieurement.)

Si nécessaire, on en reparle…

Proposition de dicton :

« Il est bien plus agréable de se reverser un pot à l'apéro que de devoir reverser l'impôt, à un bourreau fiscal. »

« Humain l'apéro »,

certes, mais encore, charitable, altruiste, accompagné de liberté, d'égalité, de fraternité, d'éternité même…, et aussi, bien évidemment, saupoudré à souhait d'amitié, de convivialité et n'ayons pas peur des maux, d'abuse-mouche !

Recommandation importante et essentielle concernant la communion apéritive

Bien qu'il soit d'usage d'associer apéro et alcool, je précise que les notions majeures qui président aux dévotions apéritives sont la **convivialité et l'amitié** bien avant la *bourritude* ou la *soulofaction…*

Il est donc parfaitement envisageable de s'adonner à la communion apéritive avec toutes sortes de boissons ne contenant pas d'alcool, genre thé ou tisane ou que sais-je encore… (Ce n'est pas ma spécialité…)

Et maintenant, « A la bon' votr' »

Quand on se rend en couple à Troyes, il y en a forcément un de trop…

Les sargasses, ça agace et même, ça empoisonne

Que va nous raconter Domi sur ces algues peu ragoutantes ?

Certainement pas des considérations techniques ou écologiques. C'est seulement une fiction pour détendre et amuser les amateurs de facéties littéraires.

En escale à Sainte Lucie

La Lady est amarrée à une de ces bouées de corps-mort mises à la disposition des voyageurs de passage pour leur éviter de poser leur ancre dans ce domaine protégé.

Devant nous, deux plages de sable blanc, chacune adossée à un hôtel de luxe : parasols, transats, whisky, cigarettes et… clients fortunés. Le paradis !

Sauf que, les saloperies de sargasses qui pourrissent la mer des Caraïbes se pressent en rangs serrés autour de Lady't Bee.

Pendant que les sargasses agacent, que fait la police ?

Sirotant un apéro bien mérité, après notre navigation matinale de deux milles (3,5 kilomètres…), nous devisons de tout et de moins que rien.

– Dommage que toutes ces algues nous gâchent un peu la trempette

– Ouais… on devait aller se plaindre au patron de l'hôtel.

– Pourquoi pas ?

– Allons parler au manager, on négociera bien quelque chose…

Justement, c'est lui, là, altier, dans le somptueux hall d'entrée.

– Bonjour, monsieur le directeur, nous voudrions vous signaler un problème assez préoccupant. Nous sommes amarrés depuis, quoi, une heure, à une bouée gratuite, ci-devant votre établissement.

Et, figurez-vous qu'un immonde banc de sargasses nous gâche sérieusement la baignade !

Compte tenu de la classe de votre boutique, vous trouvez ça normal, vous ?

Aussi, je vous pose la question : que comptez-vous faire ?

– Vraiment désolé pour le désagrément, mais, vous êtes clients de l'hôtel ? Rétorque le costumé.

– Non, mais ce n'est pas le sujet. Toutes ces algues dégoutantes là, ce n'est pas admissible devant un hôtel de cette classe et, surtout, si cher ! Comment on fait, nous, pour se baigner peinards ?

– Écoutez monsieur-dame, loin de moi l'idée de négliger votre remarque, mais, permettez que je vous en fasse une, à mon tour.

Je vous suggère, si le quartier ne vous convient pas, de larguer cette bouée au plus vite et d'émigrer sans tarder vers des contrées moins envahies de nuisances sargassières. Je ne sais pas, moi, tentez le Yémen par exemple. Je me suis entendu dire que personne ne s'y plaint des algues…

Ceci étant, j'ai quelques occupations qui m'appellent, aussi vais-je devoir écourter cette passionnante conversation. Je vais vous laisser en compagnie de mon collègue Emerson, un homme charmant qui se fera un devoir de débattre intelligemment de tout ça avec vous.

Emerson... on s'connait ?

Et il nous plante là, cependant que s'avance à pas mesurés, un colosse Saint Lucien, d'au moins cent vingt kilos, au faciès évoquant un cane corso terriblement bronzé pour son âge.

– « C'est quoi le sujet ? » maugrée le gars en se renfrognant

– Alors, écoutez, maintenant tout de suite, on ne va pas pouvoir rester. Parce que, figurez-vous, c'est juste l'heure de l'apéro.

Et ça, c'est comme qui dirait « sacré », voyez-vous. Surtout que Malou souhaiterait aussi faire le repas, et je vais vous le dire, elle n'aime pas du tout qu'on la mette en retard. Alors voilà, si vous ne voulez pas d'ennuis, n'insistez pas, vous risqueriez de nous décevoir...

Allez, bon après-midi et gare au covid surtout, hein... ça, c'est du sérieux, le virus. Masque, distanciation, et tout ça...

À bientôt cher Monsieur et bonjour chez vous... love Saint Lucia... see you later, at sea... et toute cette sorte de choses...

PS :

Toute ressemblance avec des personnes existantes serait purement fortuite. Un peu de poilade ne fait jamais de mal...

Les as de la délation, un fléau de tous les temps

Face à la montée inexorable d'un manque de civisme tout à fait insupportable, faut-il sombrer dans la délation ?
L'auteur pense que non… et vous ?

En ces temps de restrictions, les contrevenants sont plus nombreux que jamais…

Alors, est-ce à nous, citoyens respectueux des règlements, qu'il convient de tout mettre en œuvre pour contrecarrer les plans délictueux des individus dangereux qui *pilulent* dans le pays ? Devons-nous rejoindre les as de la délation ?

Faut-il applaudir quelqu'un qui fait simplement son boulot ?

C'est bien gentil de sortir au coucher du soleil, sur son balcon pour acclamer l'aide-soignante ou l'éboueur qui accomplissent correctement leur labeur quotidien. Mais qui pense au courage et à l'abnégation de tous ces intrépides délateurs ? Ils contribuent pourtant, chacun à son tout petit niveau (et c'est vrai que c'est assez petit…) à vénérer la loi en forçant les malfaisants à faire comme le chef a dit.

Ce sont peut-être ces citoyens exemplaires, ces as de la dénonciation, qu'on devrait applaudir à s'en rompre les phalanges guerrières, voire à s'en distendre les sphincters à terre…

Les virtuoses de la trahison scrutent le rivage, ce lieu de débauche…

Je vois, rien qu'ici, à Saint-Martin, en ce moment précis, cependant que je vous expose mes états d'âme, **la belle plage de Grand'case** étale son ruban doré devant mes yeux ébahis.

Eh bien vous me croirez si vous *voudrerez*, mais là, à cet instant précis de maintenant tout de suite, que vois-je ?

Ce sont au moins… que je regarde bien… trois individus, même pas masqués, qui marchent paisiblement, à visage découvert de honte, sur cette pauvre étendue sableuse d'à peine deux kilomètres de long !

Ah, les gens sont inconscients ! Mais de qui se moque-t-on ? Comment espérez-vous qu'on ne chope pas toutes les saloperies possibles et inimaginables avec des voyous pareils ?

Heureusement que veillent les as de la délation…

Soudain, un dangereux contrevenant qui nage tranquillement apparait !

Tenez, pas plus tard qu'hier, il était quoi ? disons *moins le quart,* pas plus. Les gendarmes venaient de quitter le quartier depuis même pas dix minutes.

Je vous le donne dans le mille : à côté d'un monocoque battant pavillon hollandais (ce n'est pas pour cafter, mais bon…), qu'aperçois-je dans l'eau ?

Une tête !!!

Quelqu'un nageait !

Eh oh, c'est quoi ce délire ?

On n'est pas en Guadeloup' icite.

Le gendarme du Zodiac l'a bien dit clairement : à Saint-Martin c'est « no baignad » (il est bilingue, c'est pour ça…).

C'est comme ça, pis c'est tout !

Haro sur les désobéissants ! Justiciers anonymes, à vos téléphones

Il faut toujours que des individus mal intentionnés s'autorisent à fouler aux palmes les directives que des gens beaucoup plus confinés qu'eux ont pondues, après mûre réflexion.

Alors, cette tête ?

Il y avait bien quelqu'un dessous tout de même.

Forcément, à cent mètres, impossible de reconnaitre qui c'est… Bon, à deux mètres non plus vu que c'est quelqu'un que nous ne connaissons pas…

Mon sang n'a fait qu'un tour minute.

Je me suis senti devenir un as de la délation…

Le corbeau sifflera trois fois… (Faux en plus…)

J'avais envie de sauter sur ma VHF, empoigner férocement le micro et envoyer une requête solennelle à toutes les bonnes volontés :

– appel à tous, appel à tous, appel à tousse (faut répéter plusieurs fois, c'est la norme, à la radio. Et puis, ça fait beaucoup plus « aventurier »…).

– particuliers, policiers, justiciers, as de la délation, ceci est un message de sécurité nationale

– un dangereux contrevenant, situé par 19 degrés, 6 minutes 48 nord et 64 degrés, 3 minutes 24 ouest, je répète, 19 degrés… bla, bla, bla… nage en ce moment dans l'eau (je crois que c'est mieux de préciser…). Il fait route cap au 96 vrai, à la vitesse de 0,486 nœud.

– Une interception immédiate me semble être d'une urgence absolue, je répète, urgence absolue. Appel à tous, appel à tous, il faut faire évidemment très vite…

Ouh là, ça se gâte, changement de cap urgent

– Ah, mais, coup de théâtre, que se passe-t-il ?

– L'individu vient de faire un brutal changement de direction… à présent, il fait route au 365 !!!

– Quoi ? Mais, comment ? Les compas « ordinaires » s'arrêtent tous à 359°…

– Ah, oui, c'est vrai…

– Vérification faite, l'agresseur progresse cap au 05°.

– Mais, mais, mais, oula… je vais peut-être devoir interrompre prématurément ma communication… On dirait qu'il se dirige vers moi, ce type… Ouh là, là, il nage vite, à présent et il a l'air drôlement costaud.

Y me cherche ou quoi ?

– ??? !!!!

Il n'est plus qu'à dix mètres, misère…

– Bonjour, Monsieur (petite voix)…,

– Avec qui que j'cause au micro ?…

– Ah, non, mais y'a erreur là… Je ne parlais pas de vous, ne vous inquiétez pas. Je discutais tranquillement avec ma doudou…

– Le micro ? Ah, no problemo, il n'est pas branché.

– Ce que je racontais ?... Hé bé... je répétais un sketch pour mon petit-fils. Il veut faire **Groucho Marx** comme métier, quand il sera grand, c'est vous dire...

– Euhhh... vous devriez y aller là. Je me demande si ce n'est pas le Zod des gendarmes que je vois grossir sur l'horizon diaphane... Au revoir, Monsieur, et bonjour chez vous, hein...

Quand je vous expliquais le courage qu'il faut pour balancer !

Être un as de la délation, c'est dangereux, parfois. Les gens ne se rendent pas compte...

La délirante aventure d'un paquebot en escale à Saint-Kitts

Depuis que je me suis levé, pour préparer le petit déjeuner, le paquebot s'est déjà bien rapproché. Disgracieuse silhouette de fer à repasser à vapeur posée sur l'horizon, il m'a donné l'impression de se diriger vers Basse-Terre, la capitale.

J'en vois, dans ma tête qui s'interrogent à mon sujet.

Il a perdu la boule, pépère Domi. Il y a déjà plusieurs siècles que Basse-Terre n'est plus la capitale de la Guadeloupe, pensent-ils en aparté.

Et c'est là que je rétorque, sans aucune animosité, mais avec un sourire moqueur au coin de ma bouche édentée :

« Évidemment puisque nous sommes en escale en bateau à **Saint Christopher, Saint-Kitts pour les intimes** ».

Cette île s'est, depuis quelques années, tournée vers le tourisme afin de compenser le déclin de son activité agriculturelle… d'où l'impressionnant terminal des paquebots qui enorgueillit son port, à Basse-Terre, donc.

Les marins les plus superstitieux peuvent passer sous les Seychelles, mais bien au large

Histoire d'escale en bateau à Saint Christopher, dans l'arc antillais

La Lady[1] a posé son ancre dans la délicieuse « White House Bay », sur fond de sable parsemé d'herbes à tortues.

La côte rocheuse, distante d'environ six coups de palmes bien appuyés, recèle quantité de pouascailles, de gorgones et autres décorations sous-marines. Le corail neuf y repousse gentiment parmi les étoiles de mer.

Les petites bestioles à antennes, qui s'entendent si bien avec la mayonnaise, n'hésitent pas à s'accoupler goulûment, afin d'approvisionner les cuisines du restaurant local.

Le « Salt Plage »,
Une merveille cet établissement !

Année après année, nous voyons **sa fréquentation croître,** et corrélativement, le débit de son wifi gratuit s'amenuiser.

Le propriétaire doit certainement être un gros malin rehaussé d'un visionnaire clairvoyant. À moins qu'il ne s'agisse d'un politicien, bien placé pour présider aux destinées de l'île… Car il eut une double idée géniale en installant sa boutique à cet endroit.

Une marina pour maxi-yachts sort du néant, petit à petit.

---

[1] voir « La Belle et le bouchon gras »

Un pharaonique projet immobilier de luxe a vu le jour, il y a quelques années déjà. Il transforme l'insalubre lagune voisine en un port d'accueil pour bateaux de grandes tailles. L'ensemble s'accompagne d'un complexe d'habitat de loisir haut de gamme « pieds dans l'eau ».

On sentirait facilement comme une influence venue de la richissime Saint Barth qu'on aperçoit au loin par beau temps.

Et puis, l'autre côté « rusé » de l'affaire réside dans le fait que la « cantine » héberge ses fourneaux, son comptoir et les toilettes qui vont avec, dans une bâtisse passablement décatie, vraisemblablement à vocation sucrière, hier encore… Tout y est oxydé, délabré, voire déguenillé, mais c'est très charmant.

Quelques tas de pierres, de la tôle rouillée et voilà un bar de nuit à succès

Mode d'emploi :

Partir d'une ruine couverte de tôle ondulée rouillée, qui eut, probablement, coûté pas mal d'argent à détruire en vue d'y commettre un rébarbatif cube de béton moderne et sans âme.

Puis décider : « on laisse tout comme ça, ce sera le look poétique de la boutique, pleine de moustiques ».

Je trouve ça très fort ! Surtout que ça marche bien.

Au petit jour, cependant que j'étais affairé à préparer le petit-déjeuner, un navire massif alourdissait l'horizon de sa silhouette disgracieuse.

C'est quoi ce sabot ?

Ah, voilà, à présent le fer à repasser s'est copieusement rapproché. Il se confirme que c'est clairement un paquebot. Mon instinct ne m'avait pas trompé dans la farine.

Le café fume dans les tasses. Les tartines sont concoctées et ne vont pas tarder à être complètement beurrées. Le jus de pamplemousse frais emperlouze délicatement le verre de Malou... le petit déjeuner va commencer.

« Tiens, c'est bizarre, il a changé de route », observe-je à haute voix.

« Ce serait marrant qu'il ait décidé de venir mouiller parmi nous... » Rétorque Malou, non sans cette pointe d'humour dont elle est coutumière.

Il y a quatre mètres d'eau sous les coques de la Lady. C'est ce qu'on peut qualifier de « confortable pied de pilote »... Largement insuffisant, cependant, pour sustenter un navire de trois cents mètres de long. Ah, voici qu'on parvient à lire son nom, à présent :

« Sovereign of the MERS ». Quel drôle d'appellation !

Curieux... Je suis estomaqué qu'un armateur ait affublé une unité aussi imposante d'un pareil patronyme en forme de plaisanterie. Tellement lourde que, même après plusieurs apéros (disons force 4 sur l'échelle de Pauvmou), je ne m'y serais pas risqué. Sérieux. J'aurais pu y penser, certes, mais j'aurais résisté...

Il semblerait que ça se gâte, la manœuvre d'approche...

Avançant inexorablement en direction du ponton à dinghys du « Salt Plage », le monstre parait, à présent, voué à un inéluctable échouement. Et d'ailleurs, il apparaît bien que sa vitesse soit en nette décroissance, alors que ses cheminées fument toujours autant...

« Il doit toucher, là, ce n'est pas possible autrement »

Dis-je médusé comme une pieuvre. L'inertie de cette masse de plus de cent mille tonnes pousse son bulbe d'étrave vers le wharf en bois, le dressant de plus en plus hors de la mer, tel un improbable phallus d'acier recouvert d'antifouling !

Au bout de quelques minutes, qui, bien entendu, comme dans toutes les histoires palpitantes, paraissent des heures, l'appendice monstrueux stoppe sa course à quelques décimètres de l'appontement.

« Oufff ! Rien de cassé. On va pouvoir continuer à venir ici, en annexe, pour l'apéro, » se dit Malou, rassurée. Mais, il se pourrait bien qu'en dépit de la cocasserie de la situation, le meilleur reste à venir…

Et, en effet, à peine une minute, semblant une semaine pour les raisons déjà évoquées, après l'immobilisation totale du bâtiment, l'échelle de pilote descend lentement du sommet de l'étrave. Jusqu'à positionner son dernier degré vingt-deux centimètres au-dessus du platelage du dock.

Alors, une gracile silhouette blanche apparaît.

Elle s'y cramponne et entame, posément, religieusement même, un appontage jusqu'à la fameuse ultime marche. Puis, elle l'utilise comme tremplin pour sauter sur les planches. Sans encombre et aussi sans mérite, car, franchement, vingt-deux centimètres, c'est à la portée du premier venu.

Le capitaine, car c'est de lui qu'il s'agit, opère à cet instant une volte-face de 180 degrés. Ainsi, il se retrouve en vis-à-vis avec la patronne de l'établissement, une belle et plantureuse femme, originaire de Puerto Rico.

Elle répond au doux prénom de Conchita [1]

Avant qu'elle n'ait pu ouvrir la bouche, l'homme prend la parole et lui tient à peu près ce langage [2] :

« Conchita, mon amour, comment que ch'ui trop content de te revoir enfin ».

« Depuis que tu m'as servi cette **langouste mayonnaise** et ce "Pain Killer [3]" bien frais, **au sunset**, il y a trois jours, mon cœur ne bat plus que pour toi. Un véritable coup de foutre [4] ! »

Mais, permets que je me présente : **capitaine Long John Silver.** C'est moi qu'a échoué l'canote, en Italie, l'aut'fois, si tu te rappelles. C'était dans tous les *niouzepépère.*

C'est vrai, les journaux en avaient fait toute une tartine…

« Moi, j'suis comme ça : quand j'suis amoureux, tout est possible, tout est réalisap' ».

Trois secondes de silence qui paraissent un mois et demi s'égrènent comme souvent les secondes dans ce genre de circonstances…

Et la répartie claque sans plus attendre, dans le petit matin, comme le coup de fusil d'un chasseur qui vient de louper le sanglier qui le charge.

« Tou té fou dé moi, enkoulé ! »

« Fais-moi lé plaisir dé virer ta mierda de mi pountoune tou dé souit, porqué les clients y pé plou accouster ».

« Après sa, tou pé révénir et sourtou t'oubli pa les dollars… »

« La pip, c'est cinquanta, lou missionnair c'est ciento et la foucking c'est ciento cinquanta ! »

« Mé, la, tou dé souit, tou dégaj fissa fissa. »

[1] La traduction littérale de ce prénom ibérique serait, de source inconnue : « Joli petit lambi à la caverne rose et humide »… j'ai des doutes

[2] L'homme s'exprime en anglais, mais je préfère traduire pour les lectrices et lecteurs peu habitués aux subtilités, pourtant relativement basiques, de la langue de j'expire

[3] Délicieux cocktail à base de rhum facturé 12 dollars chez « Salt Plage »

[4] Accent germanique

Vous ne verrez jamais un poulpe prendre une bouée de mouillage. Il préfère jeter son encre…

Comment récupérer habilement un cocktail un peu raté

Qui n'a jamais « foiré » une recette ou une improvisation culinaire aventureuse hardie ?

On se retrouve alors avec un vilain brouet… Pourtant, on aimerait bien éviter de le jeter…

Hey, les amis, je viens juste de découvrir un truc de dingue !

C'est à l'occasion de l'apéro du dimanche midi et ça concerne un sirop magique

Je précise qu'en temps ordinaire, nous nous interdisons un apéro le midi, sauf cas de force majeure… ceci afin de nous éviter de finir pochetrons… (À supposer que ce ne soit pas déjà le cas…)

Pour connaitre la liste des raisons essentielles, c'est en message privé exclusivement et aussi inclusivement…

Bonheur et angoisses de l'improvisation en matière de cocktails…

Parfois, une irrésistible envie de réaliser une mixture **à base de rhum** nous tenaille, mais hélas, il manque un ou plusieurs ingrédients… Et on décide de se lancer quand même, alors qu'il eût été plus judicieux de s'abstenir…

Bonne nouvelle, tout n'est pas perdu !

Je viens de découvrir une ruse « de ouf » pour s'en sortir honorablement. Je vous la livre bientôt…

Imaginez le tableau

– on commence par remplacer le ou les liquides manquants par quelques restes de breuvages qui sont en stock dans le frigo ou dans la réserve secrète

– puis on goûte…

– bon… on sent bien qu'il y a une marge de progression considérable…

– alors, on regoûte… pour être certain…

Vu qu'on a mis le rhum en premier et qu'on a copieusement regoûté, pour être certain, ses douces fragrances nous mènent irrémédiablement à cette mitigée conclusion :

« En fin de compte, ce n'est pas mauvais… »

Alors, par sécurité, on en reprend une rasade de confirmation,

Et là, hélas, le malaise se conforte :

Pas terrible !

Parfois même, on tombe sur **un véritable constat d'échec…**

Ensuite, autant de *regoutages*, autant de déceptions.

Bien que la mixture puisse, éventuellement, être qualifiée de « ben gouleyante » par un amateur de boisson revigorante, celle-ci apparait « bien peu recommandable » à des palais épicuriens…

Alors, que faire quand tout parait perdu ?

Eh bien, justement, c'est là que ma ruse géniale intervient !

Habituellement, dans un **monde immonde** normal, comme celui que nous connaissons tous, avant de vous en parler, je devrais la breveter, ma découverte, à défaut de l'*abreuveter*...

La protéger auprès de l'INPI, en vue de, peut-être, enfin, devenir le papa riche dont ma fille rêvait...

Mais, indécrottable comme je suis (et resterais vraisemblablement...), je ne ferais jamais d'argent avec aucune de mes soi-disant géniales idées, et donc, brisons là.

Bon, allez, je vous le fais court, voici la recette :
Rappel des faits :

Vous avez tenté un improbable cocktail à base d'un gouleyant rhum de la Martinique. Un peu déçu du premier « jet », vous avez ajouté divers liquides, tous plus délectables les uns que les autres. Hélas, Bacchus (ou un de ses potes) était occupé ce jour-là à se défendre d'un contrôle fiscal abusif et il s'est bien illustré par son absence.

Il vous faut solutionner le problème tout seul et sans délai...

L'arme absolue, je l'ai découverte, par hasard. Je n'en tire aucune fierté, c'était purement fortuit...

Bon, OK, cette fois, je vous livre le secret
La manœuvre ultime. La vraie arme absolue. Le sirop magique. Celui qui transforme immédiatement, irrémédiablement et même, diablement, si ce n'est diététiquement, n'importe quel cocktail raté à base de rhum en une composition stupéfiante, capable de vous propulser au firmament des barmen d'antologie.

Ajoutez du sirop d'orgeat !!!

Je viens juste de le faire : ça marche super !

Cet additif sirupeux est une merveille, qui vous sortira souvent d'un mauvais choix cocktailstique, je vous l'assure. Essayez vite et à l'occasion, on en reparle.

Un été indien en Bretagne vaut mieux que deux tu l'auras dans le Bas-Rhin

Maxime de Mayenne, un grand marin mieux que la moyenne

Qui est Maxime Sorel ?

Sans aucun doute un grand marin et un redoutable concurrent en course au large à la voile.

Éloge poétique d'un navigateur talentueux

Mon pote **Maxime** a mené son mono en Mayenne.

Pas pendant le **Vendée Globe,** bien sûr, ce n'était pas au programme…

Non, il l'a mené en Mayenne après son tour du monde, pour l'offrir aux regards des Mayennaises.

On ne saurait évoquer la Mayenne sans citer une de ses spécialités culinaires :

Les œufs durs à la mayennaise

Je me demande si les non-Mayennaises font d'aussi bonnes mayonnaises que la moyenne des Mayennaises de souche.

Ah, La Souche, puisqu'on en parle, quel poète ! Et Maxime de Mayenne, quel marin !

Qui saura encenser les stridulances lancinantes du hurlement de l'hyène en rut, en Mayenne, à Laval, à l'**heure de la mayo apéritive** ?

Elles semblent dire : « Il n'y a que ma hyène qui m'aille ».

« Ma hyène », d'accord, mais qui est ma hyène ? Est-elle mayennaise ou de Dijon ?

Et l'hyène mâle, il est d'où ? Comme un agneau ?

Est-ce qu'une hyène mayennaise affamée saurait se satisfaire d'une mayonnaise moyenne ?

Ouh là, là, toutes ces questions ! Alors qu'aujourd'hui, c'est Pâques.

C'est Pâques, mais pas que.

C'est aussi dimanche, jour de l'apéro avec modération, qui mène au **paradis des navigateurs**, y compris pour notre Maxime de Mayenne et c'est aussi la veille du lundi de Pâques... Qui est férié, donc, jour de l'eau ferrugineuse, puisque le fer y est... L'eau ferrugineuse oui, l'hyène, non...

En tous cas, **Mamilou en short** adresse un énorme « Bravo » à MAXIME SOREL brillant mayennais supérieur à la moyenne !

La réussite, ce n'est pas de pouvoir faire tout ce que l'on veut. C'est plutôt d'avoir la possibilité de ne pas faire ce qui nous déplait.

A propos d'erreurs humaines

C'est quoi, au juste, le sujet de cet article ?

Une dissertation sur la peur de se tromper comme raison pour ne pas prendre de décision, même lorsque c'est nécessaire…

« Errare humanum Est, Ouest, Nord et Sud », avançait un de nos amuseurs dont je tairais le nom… Pourquoi ? Tout simplement parce que je ne suis pas certain que ce soit **Pierre Dac** ou Francis Blanche, deux grands adeptes d'humour et d'erreur humaine bien trop tôt disparus, bien qu'encore présents dans toutes les mémoires vives.

Et l'affirmation est d'autant plus louable qu'elle n'est pas à vendre… et surtout, qu'aucun système de positionnement par satellite ne venait l'étayer lorsqu'il en fit état. Pour une appréciation « à l'estime », c'est à la fois bien vu et parfaitement réversible, car l'inverse n'est pas faux non plus…

Humour à marée basse

Bien qu'ils fussent plus éclectiques qu'ecclésiastiques, les cardinaux n'avaient, manifestement, aucun secret pour ces amateurs d'humour… au fond. Surtout à marée basse, en Bretagne Sud, ou Nord, mais pas **du côté du soleil couchant** ni levant non plus… le phénomène étant difficilement observable par temps bouché…

Rappelons, au passage, que l'étale de basse mer est un moment privilégié pour se rapprocher du fond

Sauf erreur humaine de ma part… laquelle serait éminemment pardonnable vu que la conchyliculture n'est pas vraiment ma tasse de thé. Comme aurait dit Miss Maguy Tharr, la célèbre romancière musicienne cynophile : « J'aime me faire mon thé, et pis j'aime bien aussi me faire monter, mais pas en même temps ».

Mais, où m'égare-je encore ?

Obsession de l'erreur humaine

Il m'a semblé remarquer récemment (où était-ce un peu avant ?) que certains de nos concitoyens, pas spécialement les plus poilants au demeurant, développaient une aversion, confinant à la panique, pour « l'erreur humaine ».

Parfois à un point tel, que, bien que payés pour prendre des décisions, ils préféraient s'en tenir au statu quo plutôt que de risquer de se rendre auteur d'un mauvais choix : quelle bévue !

Même si « Errare humanum » n'est pas Ouest, ou sud-ouest, ni même plein Sud, commettre une bévue, une boulette, une belle « connerie », avoir « merdé grave », c'est humain. Le propre même de l'humain.

Pire : certains individus, particulièrement prédisposés, ont élevé le fourvoiement au rang d'art majeur tant ils s'appliquent à en produire « en rafale ». Ils en rejettent les limites parfois au-delà du concevable.

Vous avez dit « Errare » ?

Bref, « **Errare** » n'est pas « animalum », ni vegetalum », ni surtout « mineralum ». Il est « humanum » et pis c'est tout !

Simplement « humanum » et rien d'autre.

Partant de cet axiome, il me semble inopportun de considérer la moindre erreur comme un délit.

N'assimilons pas une mauvaise décision à un acte hautement répréhensible

Il ne faut pas exagérer... Par contre, ne pas adopter de décision du tout, par peur de se tromper, alors que c'eût été nécessaire de le faire, ça me semble nettement plus grave. Surtout de la part de personnes dont la charge est précisément de statuer.

L'observation des bassesses auxquelles s'adonnent parfois certains « **décideurs** » frileux, incapables de s'exposer en choisissant une voie courageuse, me donne la nausée. Ces amateurs du « zéro défaut » montrent bien souvent une solide aversion pour la position de « **faillible** ». Les plus poltrons d'entre eux cumulent même deux félonies :

Prendre des décisions qui n'en sont pas

Et préparer à l'avance la désignation des coupables pour les conséquences fâcheuses qui ne manqueront pas d'advenir.

Car, si l'erreur est simplement humaine, les répercussions de certaines d'entre elles sont parfois cruelles.

Les grands problèmes en question

« Ah, oui, mais, alors là, si on veut se mêler de sanctionner sévèrement les auteurs de fautes majeures aux conséquences dramatiques, il risque fort de ne pas nous rester suffisamment de politiciens pour gouverner le pays... »

Et, du coup, qui prendrait en charge les « grands problèmes », comme la coupe du monde de football, la multiplication des citoyens mécontents, le cours du bitcoin, l'avenir de Michel Drucker ou l'influence de la longueur à la flottaison chez les spermatozoïdes en compétition post-coïtale ?

À la lumière aveuglante de ces quelques exemples significatifs, nous voyons bien qu'il s'agit de rester raisonnable, avant tout.

Alors, « en avant toute » !

Hardi, les gars, les filles, on peut se tromper dans la vie

Amis décideurs, permettez-moi de vous offrir ce petit conseil : ne soyez pas « crispé de la bourde ». Ce n'est pas ce qui vous mettra à l'abri.

Quant à la crainte d'être sévèrement jugés par leurs pairs, les actifs sont toujours assurés d'être systématiquement vilipendés par une horde de gens bien à l'abri de l'erreur, vautrés qu'ils sont dans leur inertie et leurs certitudes inamovibles.

Haut les cœurs et sus à l'inaction

Alors, vous qui avez du courage, des idées et de l'énergie, avancez comme vous le sentez. Vos éventuels errements seront toujours préférables à l'inaction de ceux qui vous jugent sans « se mouiller ».

Mon dicton futile du jour :

La position de « faillible » est au politicien ce que la brouette de Zanzibar est au Kama sutra.

Message aux gens que j'aime en forme d'hymne à l'amitié

Vous croyez que c'est simple de confesser son affection ? Il y a plein de gens que j'aime, en fait. Mais ce n'est pas facile de leur dire.

Alors voilà, je me lance, mon **amitié**, je l'écris !

Je vous chéris mes amis et je vous le dis

Tous ceux qui se reconnaitront, eh ben voilà, **c'est vous** !

Et puis, s'il y en a qui s'identifient, alors que je ne les aime pas des masses, eh bien, pani pwoblèm. Profitez-en quand même, on ne sait jamais, l'amitié, ça peut changer, rien n'est immuable.

Bien sûr, il y a des personnes que je n'apprécie pas…

On ne peut pas affectionner tous les gens.

À ceux-là, je ne dis rien.

C'est déjà tellement difficile d'avouer sa sympathie, alors, distiller de la haine, comme les **adeptes de la délation**, par exemple…

Je n'ai aucune énergie à gaspiller pour informer des gens qui s'en tamponnent que je ne les porte pas dans mon cœur. D'autant que je suis bien conscient qu'ils s'en titillent les zygomatiques à des fréquences giga hertziennes, au minimum…

Par contre, les individus que je déteste…

Alignez-vous sur une file à couper le beurre, je ne veux voir qu'une tête de nœud…

Vous êtes des êtres rares !

Je vous l'avoue, je n'abhorre pas grand « monde. Ce n'est pas par bonté d'âme, c'est simplement que je suis un gros naïf. Je ne peux pas vouer de haine à quelqu'un qui ne m'a pas déjà prouvé la noirceur de son esprit.

Je considère toujours le verre à moitié plein, même si je sais très bien que là, comme il est placé, juste devant moi, il ne va pas le rester longtemps… Surtout si, moi aussi, je le suis… (Mais c'est rare).

Mais pourquoi ce soudain épanchement ?

Comment éviter l'indécence d'un aveu d'amitié ou même de simple affection ?

D'où me vient cette inhabituelle sensiblerie ?

Sans doute les trois années écoulées sans rencontrer, sans embrasser, sans étreindre ceux que nous aimons beaucoup. Nous ne les côtoyons que quelques heures chaque année, du fait de notre **vie de nomades**. Elles plus probablement plus ou moins à l'origine de cet élan inattendu[2].

Peut-être aussi les retrouvailles d'avec certains, perdus de vue, puis récupérés, intacts dans leurs personnalités autant que dans l'intensité de leur amitié, y auront contribué.

Amis récents, de longue date, de toujours, à peine aperçus, seulement effleurés du fait d'une barrière de langue, ou autre chose, **amis inconnus** dont le lien ne tient qu'à un regard, je vous aime et je vous le dis haut et fort.

---

[2] À cause de la crise covid

Vive l'amitié, l'amour, la joie, comme chantait Graeme
Allwright

La Croisette, comme l'ephad, c'est un
festival de cannes.

.

Les innombrables tours du monde en solitaire d'un farfelu.

Rudune en orbite

Vous croyez que cet article est un pur délire de l'auteur ? Vous avez parfaitement raison ! C'est le cas.

Place à la poilade avec ce sous-titre en forme de contrepèterie. Au moment du transit, ce n'est pas malvenu…

Voici.

Rudune était un solide gaillard, bâti comme un chêne et passionné de bambou. On l'avait surnommé Rudolf, allez savoir pourquoi… À 84 ans révolus, il s'apprêtait à attaquer son quarantième tour du monde en solitaire et sans escale !

Pourquoi toutes ces circumnavigations ?

Deux raisons majeures, plus quelques autres, mineures, que nous aurons le bon goût d'occulter.

D'abord, il était totalement asocial et ne s'entendait avec personne. Et puis surtout, il n'avait encore jamais réussi à achever un tel périple sans s'arrêter. C'était pourtant sa ferme intention. Il voulait absolument réaliser une grande boucle seul ! Mais à chacune de ses nombreuses tentatives, des imprévus se présentaient qui l'obligeaient à faire relâche, à Saint-Kitts ou ailleurs… Tant et si bien qu'à chaque retour au bercail, il se sentait tenu de repartir au plus vite autour du monde.

Tout en double, une passion peu commune

Dès son plus jeune âge, il avait conçu une admiration sans bornes pour l'architecte, navigateur, constructeur, **James Warrham**. Très probablement à cause de leur passion commune pour les doubles : deux coques, deux femmes, deux mâts. Ainsi, bien entendu, qu'une belle paire de génitoires qui lui conféraient une invincibilité très enviée. Ce gars n'avait peur de rien et c'était réciproque.

Rudolf menait une vie saine, presque monacale

D'où sa bonne santé insolente et son étonnante vivacité en dépit d'un âge respectable. Il **ignorait la communion apéritive**, ne fumait pas et ne copulait pas, non plus ! La dernière fois qu'il avait sollicité son appareil reproductif, c'était à dix-sept ans et demi. Il employait une méthode manuelle sur laquelle je ne m'étendrais pas, merci de votre compréhension.

Des amis d'enfance passionnés de bambou

Tout petit, à l'école, il s'était lié d'amitié avec un Tonkinois dont les parents exploitaient une **bambouseraie** à **Barbuda**... C'était la seule personne au monde qui trouvait grâce à ses yeux (au nombre de deux, eux aussi, les yeux...). Ils ne savaient parler que de ces fabuleuses graminées. Chacune de leurs conversations se concluait immanquablement par cette phrase lourde de sous-entendus : — « Continue comme ça, tu tiens le bambou ».

Un bon petit canote

Aussi, quelques années plus tard, à l'heure de se rendre propriétaire de son propre canote, Rudolf porta tout naturellement son choix sur un **catamaran** de forte taille grée en ketch, avec des voiles de jonques, équipées de lattes en bambou, bien entendu. Ce bateau était particulièrement rapide, car il jouissait d'**une grande longueur à la flottaison**. En effet, à la lumière d'expériences d'autres navigateurs et après mûre réflexion, Rudolf avait opté pour soixante-cinq mètres de long, pas moins, pas plus ! Il avait considéré que le « **Vendredi 13** » de Jean-Yves Terlain était un peu court à son goût. Cependant qu'**Alain Colas** avait tout de même abusé avec les soixante-douze mètres de son « Kleubeumède ».

La magie hydrofoil

Afin d'être définitivement très véloce, il l'avait équipé de **foils** en bambou. Cette magistrale innovation lui avait été inspirée par la morale d'une fable de La Fontaine : je plie, mais ne rond-point. Il considéra que cette élasticité naturelle du matériau le mettrait largement à l'abri d'une rupture intempestive tout en lui procurant un surcroit de confort : d'après ses estimations, ces ailes marines agiraient très probablement à la manière des fameuses suspensions oléopneumatiques des automobiles Citroën de l'époque… Ils amortiraient souplement la rudesse des vagues.

Nous constatons là qu'en dépit d'une certaine rusticité de caractère, notre aventurier ne manquait pas de bon sens.

Une chance invraisemblable avait souri à Rudolf en ces temps de navigation à l'estime autant qu'astronomique. Elle lui avait permis de s'équiper d'un magnifique et rarissime sextant en bambou ! L'instrument, de petite taille et joliment réalisé était, de surcroit, finement ciselé et idéal pour un voyage autour du monde. C'était l'œuvre d'une artiste thaïlandaise dont il avait croisé le chemin au cours d'une de ses innombrables escales improvisées. Il l'avait reçu en cadeau, probable remerciement d'une de ces largesses dont il était coutumier.

Cet objet rare possédait de délicates décorations au charme subtil. Aussi, Rudolf le portait-il volontiers en sautoir lors de ses sorties nocturnes, soit environ une fois par décennie.

Des tours du monde en solitaire à répétition

De fait, il était si souvent en navigation qu'il attaquait, en moyenne, pas moins de deux tours du monde par an, à l'exception des années bissextiles où il en tentait trois ! C'est vous dire…

Mais, de quoi vivait Rudolf ?

C'est la question qui démange tout naturellement à la lecture de ce récit de voyage. Je peux l'exprimer, ça me l'a fait aussi. Son gagne-pain était ses talents d'écrivain !

Il se trouve que Rudolf avait ce qu'il est convenu d'appeler une « jolie plume ». Laquelle ne manqua pas d'être remarquée par les quelques rédac chefs de revues nautiques qui gardent un œil sur l'extérieur, comme, par exemple, celui de bateaux.com. Bref, il devint bientôt pote avec le célèbre journaliste Gilou Ruruffe qui l'introduisit tant et si bien qu'il obtint une rubrique hebdomadaire dans l'incontournable magazine « Multicoques et bambous magazine ».

« Mais ce n'est pas un hebdo », m'objectera-t-on.

« Raton vous-même, je le sais très bien et ce n'est pas comme ça qu'on parle aux gens ».

Ceci est un mystère. Il n'en demeure pas moins que ses écrits, bien que modestement monnayés, lui permirent de subsister tant bien que mal durant plusieurs décennies.

De quoi se nourrissait Rodolf en mer ?

Il mangeait exclusivement du riz, des **poissons-volants** et de pousses de bambou, agrémentés de **sargasses** en salade lorsqu'il en trouvait… Il les cuisinait sommairement avec de l'huile de tournesol et de la sauce soja. Puis il complétait le tout avec du sel récupéré sur son pont. Il y ajoutait volontiers du sucre qui lui avait été offert par une Martiniquaise qu'il avait sauvée de la noyade durant une escale improvisée. C'était au lieu dit « Les 3 gilets » qu'il avait surnommé « Les ilets jaunes »[3].

De l'importance des préparateurs dans les compétitions nautiques

Rappelons qu'en dépit de son authentique intention de réaliser un tour du monde en solitaire sans escale et sans assistance, il était un médiocre préparateur. De plus, il se laissait volontiers aller à relâcher pour quelques vagues avaries plus ou moins imaginaires… Tout ceci prouve, s'il en était besoin, que le personnage était assez ambivalent, voire ambidextre, en plus d'être omnivore… Je ne suis pas très expert en ambiguïté.

---

[3] Quel déconneur il pouvait être, parfois

Dans sa magistrale étude sur les recoins les plus sombres de l'âme humaine, Lolo le Baffeur pose clairement la question : « existe-t il des ours bipolaires » ? Et Rudolf y apporte malgré lui une réponse sans équivoque : « oui, moi ».

Alors, « et ce quarante-huitième tour du monde en solitaire, où en est-il ? »

Comment vous dire ?... Je n'en sais rien. Aux dernières nouvelles, son acuité visuelle ayant largement régressé, il m'a été rapporté, par des sources on ne peut plus incertaines qu'il songerait à se séparer de son sextant au profit d'un GPS en bambou... Hélas, même Amazon n'en propose pas encore. Toutefois, il resterait confiant... En l'absence de renseignement fiable, les suppositions les plus fantaisistes abondent sur les réseaux sociaux. Ce qui, soit dit en passant, ne constitue pas une nouveauté. En effet, ce vecteur de communication semble s'être fait une spécialité de diffuser des informations plus ou moins délirantes.

La grande question demeure :
« Where is Rudhune? »

Rudolf est-il parvenu à quitter Koukdjuak dont il avait fait sa « base arrière » à dessein de ne pas devenir la proie des **délateurs paparazzis** ? (C'était, d'ailleurs, très rusé de sa part d'agir ainsi, car il n'y rencontra jamais d'autres bipèdes que des ours sibériens, dont il détestait l'odeur. Mais ceci ne nous concerne pas. D'autant que cet animal, légèrement bipolaire lui-même, ne se gênait pas, suivant les circonstances, pour faire le quadrupède quand ça l'arrangeait…).

Nous lui souhaitons sincèrement d'avoir réussi à s'éloigner du Grand Nord canadien.

Car sinon, il doit se les geler horriblement en ce moment. Surtout que je crois me souvenir que son poêle en bambou s'était malencontreusement atomisé lors d'une escale imprévue à Fukushima. Les radiations sûrement… Tout le monde sait que ce matériau n'est pas du tout adapté au milieu radioactif. D'ailleurs, ce n'est pas un hasard si on en rencontre si peu dans les sous-marins nucléaires, même les plus modernes.

Allez, restons optimistes

Et considérons que notre héros est probablement, en ce moment même, en train de boucler enfin son tour du monde en solitaire sans escale. Et alors c'est sûrement pour cette raison qu'on n'en entend pas parler. **Wait and sea**…

Avoir la trouille et faire une tête horrifiée, c'est ça le « sale air de la peur ».

Sauvé d'un désastre culinaire par une judicieuse recette improvisée

Histoire vraie ou pur délire ?

Devinez...

Amis gourmets,

Ce que je vous propose ici est une véritable recette de sauvegarde que j'ai réellement expérimentée avec un succès appréciable...

Il vous est sans doute arrivé de vous aventurer à confectionner un dessert, que vous aviez l'ambition d'appeler « gâteau ».

Hélas, au moment de la dégustation le vocable s'est avéré un tantinet mal adapté. Le « produit » n'avait pas su se hisser à la hauteur de vos aspirations.

Sans être complètement loupé, il restait loin d'une éclatante réussite culinaire. Disons qu'il se parait d'une médiocrité qui aurait pu fleurer bon l'amateurisme sympathique... Hélas, pas du tout... L'échec était manifeste !

Que faire ?

J'ai une encourageante nouvelle pour vous :

En suivant scrupuleusement ma recette, vous aussi, vous sauverez le coup !

Ce genre de dessert pâteux, souvent confectionné avec affection et des produits de qualité, reçoit, parfois injustement, un accueil maussade. Allez savoir pourquoi. L'aspect, peut-être ? Pourtant, de nombreuses matières d'une couleur peu engageante enchantent régulièrement les palais les plus délicats. **Regardez, le chocolat**…

Il s'agit, avant tout, d'éviter le gaspillage

Personnellement, j'ai cette pratique en horreur. D'où l'idée de la présente ruse salvatrice.

Appelons notre dernier gâteau *mitigé* du nom de code « **doubitchou** » afin de ne pas attirer les convoitises. Attaquons sans retard ce que nous considérons comme une mission majeure. Il s'agit de tenter de déceler un minimum de qualités gustatives au produit de nos errements.

Ensuite, l'association avec d'autres ingrédients pourrait, avec un peu de chance, mettre en valeur ces beautés cachées, découvertes tardivement.

Réjouissez-vous les amis, on va s'en sortir

Lors des tests préalables à la rédaction de cette « recette salvatrice », les premiers résultats encourageants n'ont pas tardé à rappliquer. Eh, oui ! Bon, attention, on ne parle pas de viser un succès planétaire. Nous cherchons juste à rattraper tant bien que mal un coup foireux. Ne commençons pas à nous imaginer à la tête d'un nouveau « Sodebo » à base de cette formule-là…

N'oublions pas que le premier challenge consistait à simplement d'identifier, puis mettre en avant, le côté « comestible » du truc. C'était déjà un bel objectif, qui ne manquait pas d'ambition…

« Comestible » avant tout

Premier point, il me semble préférable de proposer ce genre de produit à la consommation en début de soirée. Au moment des « amuse-bouche », comme on dit.

En général, les convives arrivent avec la faim au ventre. Ils se ruent comme des goélands sur n'importe quelles caouètes ramollies et autres olives frelatées. C'est à ce moment-là que le « formidable Doubitchou aux cornichons » peut espérer rencontrer un succès relatif, à défaut de faire des envieux.

En procédant de la sorte, je suis persuadé que nous optimiserons grandement cette image de « gourmandise haut de gamme » qui nous flatterait et que nous ambitionnons tous de signer un jour.

Mais, j'écris et je vous sens impatients de connaitre la teneur de cette expérience positive.

Voici donc la composition tant attendue

Confection des « Macarons de Doubitchou au pâté sous leur parasol de cornichons » :

Débitez une tranche de 9 millimètres d'épaisseur de Doubitchou brut (en clair, le gâteau raté…).

Disposez régulièrement à sa surface une moquette de rillettes du Mans d'une épaisseur comprise entre 2 et 3 millimètres.

Vous n'en possédez pas provenant du Mans ? Aucune importance ! N'importe quelles rillettes du plus insignifiant charcutier breton, serbo-croate ou somalien conviennent tout aussi bien.

Ensuite, coupez en deux parties égales, dans le sens longitudinal, un cornichon d'environ 48 millimètres de long. Positionnez ces deux morceaux artistiquement sur le lit de pâté.

Et, voilà ! Servez et attendez les compliments…

Une merveille ! J'en ai repris trois fois !

Honnêtement, plus que de réelles qualités gustatives, je crois que c'est la surprise du sucré/salé qui crée la « magie » de cette recette.

Vous me connaissez, pétri de politesse et de bonnes manières… Fallait-il que ce fût délicieux pour que je m'abandonne à une si funeste **gloutonnerie apéritive**!

Attention, prudence tout de même

Car, l'expérimentation n'en est, à ce jour, qu'à ses timides balbutiements.

Pour autant, les mots me manquent pour vous exprimer l'étendue des espoirs que je nourris dans les probables découvertes futures…

À présent, vous savez pouvoir compter sur votre serviteur pour opérer de nouvelles avancées culinaires à base de desserts glauques…

Manger une glace en regardant une série sur Netflix, c'est de l'*icecreaming*…

La lente résurrection de Barbuda après le passage du cyclone Irma en 2017

Arrivée en pleine nature à Cocoa beach

Posée sur un plateau turquoise, la Lady[4] fait face à un ruban rectiligne doré qui file jusqu'à l'horizon. Un liseré vert composé d'arbustes et de rares cocotiers sépare cette bande éclatante du bleu pâle d'un ciel alourdi de modestes cumulus.

Un alizé de saison saupoudre l'onde d'un aveuglant scintillement et de flocons cotonneux.

Le célèbre **guide nautique Patuelli** habituellement si juste dans ses descriptions littorales se retrouve ici totalement dans l'erreur, malgré lui. Le palace « Coco Point Lodge », dont il fait l'éloge, a laissé place à des tentes de toile… Dans le chantier voisin, la morosité grisâtre du béton le dispute à la rectitude inquiétante des tiges d'acier, érigées comme autant de flèches en attente du prochain génocide. Là-bas, à la pointe sud, un groupe de fans de kitesurf anime le paysage. Ils tiennent en laisse leurs papillons multicolores qui semblent chercher à tutoyer les nuages.

Irma a provoqué ici une véritable hécatombe sur l'environnement.

Il y a moins de trois ans, l'interminable plage de sable blanc accueillait quelques gargotes bistrotières, ainsi que

---

[4]lire « La Belle et le bouchon gras »

les modestes « cases » logeant leur personnel en pleine nature.

Puis l'ouragan est passé faire son monstrueux ménage, abandonnant derrière lui un territoire ravagé. Rien n'est resté debout. Trente mois plus tard, les vestiges d'établissements hôteliers plutôt cossus gisent encore à même le sol, tas de poteaux désarticulés coiffés de toitures, en général déglinguées, mais parfois presque intégrales.

Des dommages monstrueux sur le corail à Barbuda suite au passage d'Irma

Une profusion de massifs madréporiques exubérants enrichissait la majeure partie du littoral. Elle offrait à Barbuda une flore et une faune sous-marines exceptionnelles. En quelques heures, à peine, Irma massacrait tout ça.

Je me souviens des paroles de notre ami Loïc, directeur de recherche dans un laboratoire de Papeete et grand spécialiste de ces questions. Il nous confiait que les prédateurs principaux du corail et de la vie aquatique côtière sont incontestablement les éléments météorologiques. En particulier les ouragans.

Non, ce ne sont pas les bateaux de passage qui détruisent le fond, contrairement à ce qui se dit parfois.

Les quelques vagabonds des îles qui y déposent leurs ancres, sans malice, et qui sont, majoritairement, des individus respectueux de la nature, arrivent bien loin derrière les évènements climatiques. Le fallacieux prétexte que l'on voit de plus en plus souvent opposer aux navigateurs plaisanciers n'a, sans aucun doute, pour unique objet que d'instaurer une manière d'extorsion légale. Lequel permet de ponctionner encore et encore un petit groupe de gens qui le sont déjà abondamment.

Prudence racket insidieux dans le sud d'Antigua…

Dans un autre ordre d'idée, il me revient en mémoire une triste anecdote. Il existe, en Guadeloupe, une brigade de **redoutables prédateurs** déguisés, qui rôdent sournoisement dans les eaux abritées du Grand cul-de-sac marin. Leur « mission » consiste à s'approcher au plus près de chaque bateau immobilisé par sa propre ancre. Ceci de manière à « inspecter » si la « pelle » est bien posée au milieu d'une zone exclusivement sableuse. Lorsque ce n'est pas le cas, ces justiciers sont prêts à dégainer illico le carnet à souche en vue de verbaliser, séance tenante, le dangereux contrevenant qui pourrait avoir piétiné un ou deux mètres carrés d'herbe à tortue. Exaction majeure s'il en est.

Barbuda en 2020, belles plages et corail en repousse

Mais, revenons à Barbuda la dévastée. Comment se relève-t-elle ? En 2020, les amateurs de belles plages et d'eau turquoise y étaient, de nouveau comblés. Presque autant qu'avant la catastrophe. Par contre, question « snorkelling », c'était un peu la misère.

L'onde y était souvent trouble. Et les massifs de corail mort, gris et terne, n'abritaient plus que quelques petits poissons erratiques. Bien sûr, la vie avait commencé à reprendre le dessus. Et le corail neuf refaisait son apparition, colonisant petit à petit les « patates » détruites. Ce qui a permis d'accueillir les « perroquets » et autres espèces de « brouteurs » qui s'épanouissent dans ce type d'environnement. De même, sur le « plancher des vaches », de petits troupeaux d'ânes sauvages côtoient les quelques courageux humains qui ont bien entamé la réhabilitation de leur île.

Le bar de la plage

Ainsi, à Cocoa beach, au lieu-dit « Princess Diana beach », Inoch a reconstruit un sympathique « Bar de la plage ». Plutôt sommaire pour le moment, mais déjà bien convivial. Par contre, le coquet hôtel qui meublait si bien l'interminable ruban sableux de Low Bay, sur la côte ouest, s'est trouvé privé de fondation par la tempête. Alors, il s'est, en grande partie, écroulé sur lui-même, au cours du percement de l'isthme par les vagues furieuses et gigantesques. Drôle d'idée, tout de même, que d'ériger un si cossu bâtiment sur du sable…

Cocoa point lodge, camping impérial en pleine nature…

Quand au Coco Point lodge, bien qu'hébergeant sa clientèle rescapée à la mode touareg, ses conditions d'accès n'en sont pas moins restées très « haut de gamme ». Son hydravion amerrit devant sa plage et s'arrime à sa bouée. Arrive alors un « tender » ultramoderne, formes anguleuses et moteur hors-bord énorme. Il vient s'amarrer à couple d'un flotteur, afin de procéder à l'embarquement des passagers et de leurs bagages. Jusque-là, rien que de très commun…

Débarquement à pieds secs en dinghy amphibie sur Barbuda

Mais la suite est plus originale. L'embarcation appareille bientôt en direction du rivage qui ourle de jolis rouleaux blancs d'écume sur l'estran.

« Il va y avoir du spectacle » se dit le promeneur qui s'arrête pour n'en rien perdre.

S'approchant doucement de la zone houleuse, le « magic tender » déploie alors deux chenilles sous-marines. Et puis ensuite, on peut voir le canote, son équipage et ses passagers, grimper chaotiquement sur la plage et venir s'immobiliser, bien à plat, à proximité du bar ! Là, son étrave s'ouvre, bascule et laisse descendre les clients fortunés. Débarquant à pieds secs, ils arborent nonchalamment l'air détaché de ceux qui pensent : « Ben quoi ? Qu'est-ce qu'ils ont à nous dévisager **comme** ça ces pégreleux ? ».

Alors, comment se porte la nature à **Barbuda** en 2023 ?

Disons que la convalescence se poursuit… Il faisait déjà bon y faire escale en 2020, aussi tous les espoirs sont permis…

Il y a de nombreux parkings à La Havane. C'est pour qu'on s'y gare…

Mes chicots, mes chicots, sous ton soleil qui chante…

Ce n'était pas la première occasion où Josée et Julien vivaient un réveillon de Nouvel An en compagnie de leur fille Mag.

Par contre, c'était la première fois qu'ils le faisaient devant l'îlet à Fajou, modeste territoire inhabité et totalement arboré sis dans le « Grand Cul-de-sac Marin, » au nord de la Guadeloupe.

Choisir de passer sa nuit de Nouvel An dans un cul, fût-il de « sac marin », il y aurait eu à redire… Mais, admettons. Pour eux, c'était encore une fois « la belle vie ». Ils rigolaient, en buvant de bons coups et en se racontant des trucs du « bon vieux temps ». Que du bonheur. La soirée s'avançait, quand soudain Julien eût le sentiment que quelque chose lui faisait défaut.

« Où ai-je mis mon dentier ? » formula-t-il en aparté.

Voilà, ce qu'il lui manquait. Sa prothèse masticatoire.

Ce n'était pas la première fois que Julien cherchait son ratelier…

Depuis quelques années déjà, afin de tenter de limiter des ans les irréparables dommages, Julien avait eu recours à un accessoire destiné à combler le vide créé par l'absence d'une dent, en plein milieu de sa façade…

Trois ans auparavant, il fut visiter un opérateur en réfection de chicots, consécutivement au descellement, pour la sept ou huit ou même neuvième occasion, d'une de ses incisives supérieures. Ce bout d'émail n'avait de supérieur que sa position géographique, et ne brillait certes pas par son savoir-faire ou sa stabilité sociale, loin s'en fallait.

Ce fut alors que le cupide marchand de prothèses dispendieuses lui annonçât tout de go qu'il était hors de question de réparer une nouvelle fois cette pièce métalloplastique obsolète. Il était même grandement temps, selon lui, d'envisager l'installation d'un implant... « Ça ira chercher dans les deux mille cinq cent euros. Mais qu'y faire, c'est la vie mon pôv monsieur ».

Julien n'avait pas aimé sa proposition, arguant qu'il aurait un peu de mal à payer une somme pareille pour environ un huitième de centimètre cube de céramique. Il décida instantanément, d'un commun accord avec lui-même, que, dans l'immédiat, le charcutier en gencives avait le feu vert pour extraire les ruines de cette racine moribonde. Ensuite, il verrait bien, plus tard, mais « pas d'implant ». L'artiste s'exécuta en maugréant. Son intervention achevée, il coinça un genre de « *tampax* » chirurgical entre les deux mâchoires de son client en l'invitant à serrer les mandibules afin d'endiguer le ru de sang qui suintait de la cavité laissée béante par son ouvrage. Il y a rarement un miroir en face du fauteuil, chez les dentistes, et ce n'est pas dommage... Julien se sentait le look un peu ridicule.

« Venez à mon bureau », intima avec fermeté le rafistoleur de façade. Julien n'était pas en position de négocier et obtempéra illico. À peine était-il posé sur la pauvre chaise, en face du saigneur des chicots, que cet adepte d'Hippocrate l'invectivât sur un ton condescendant.

« Combien pensez-vous que je vais vous facturer pour cet acte ? », interrogea l'artisan.

Julien trouvait le moment mal choisi pour débattre de quoi que ce fût, à cause, notamment, du tampon sanguinolent entre les mâchoires, lequel ne facilitait certes pas la diction. Il fit un rapide calcul à base d'une règle de trois. Il prit en compte le taux horaire d'un ingénieur et le temps que le dentiste avait consacré à l'ablation du triste appendice dont sa mère avait eu la faiblesse de l'affubler sans qu'il lui en veuille le moins du monde.

« Cinquante euros », hasarda Julien en se disant en lui-même et en créole, car ils étaient en Guadeloupe, « J'aimerais bien rentrer chez moi, à présent ». Un sourire satisfait orna alors instantanément les babines du marchand de prothèses qui déclara sarcastique.

« Trente-huit euros ! Voilà tout ce que l'administration française m'autorise à facturer pour cet acte. Comment voulez-vous que je m'en sorte ? Moi qu'a fait dix ans d'études… et le prix de mon équipement… et la difficulté d'être médecin… et qu'elle vie on a nous autres, personne ne s'en rend compte… Le taux de suicide chez les arracheurs de dents, si vous saviez… et les odeurs… ah, les remugles ! ».

Julien était au bord des larmes. Il pensait aux petits Haïtiens, aux enfants Dominiquais, à ces Indonésiens qui ne connaissent pas leur chance de n'avoir pas ce genre de problème. Mais, bon, avec le tampon dans la tronche, difficile de s'éterniser en palabres. Aussi, mit-il rapidement un terme à ce passionnant débat.

Et c'est ainsi qu'il se retrouva, à la fleur de l'âge avec une dentition quelque peu clairsemée sur le devant, qui lui conférait un look de pirate des Caribs…[5]

Quelques mois plus tard, la chance tourna et Julien se fit équiper d'une prothèse amovible, hélas un peu fragile, grâce aux bons soins d'une amie dentiste compatissante qui opérait en Martinique. Hélas, cet ustensile gracile se brisait fréquemment. Après l'avoir réparé maintes fois à base de résine époxy et de fibres de carbone, Julien s'était accoutumé à l'idée que l'appareil ne devait servir qu'à des fins esthétiques, et surtout pas masticatoires. Il adopta d'emblée l'habitude de l'ôter discrètement avant toute mise en œuvre de ses mandibules. Il se marrait intérieurement en songeant qu'il possédait peut-être la seule prothèse dentaire qu'il faille remballer avant de manger…

Et donc, durant cette funeste nuit de la Saint-Sylvestre, tout à coup soudainement, se sentant nu de la bouche, il se murmurait en son for intérieur. « Mais où ai-je stocké mon râtelier ? ». Il est bon de préciser que Julien avait, depuis « un certain temps », pris la fâcheuse manie de poser cet accessoire disgracieux et peu ragoûtant, à proximité immédiate de sa zone d'alimentation. Bien sûr, il ne procédait ainsi qu'en compagnie intime, et jamais

---

[5] Carib : marque de bière locale

lors de diners mondains ou dans les restaurants très étoilés. En même temps, ces derniers cas de figure étaient statistiquement rarissimes. Genre un repas sur dix millions…

Il eut beau fouinasser dans tous les endroits humainement envisageables, pas la moindre ombre d'incisive au tableau. Il se décida alors à consulter sa garde rapprochée, Josée et Mag.

Adoptant un ton détaché :

« Tiens, c'est bizarre, je ne retrouve plus mes ratiches ».

Julien adorait cette vieille chanson populaire, « Mes chicots, mes chicots. Sous ton soleil qui chante, hi, le temps paraît trop court pour goûter au bonheur de chaque jour… »[6].

« Je t'ai vue les mettre dans ton verre de planteur pour faire le clown, au moment de l'apéro », avança Josée. Ce n'était pas faux. Voilà une plaisanterie bien innocente à laquelle Julien s'adonnait volontiers en cours de libation. Cette nuit encore, lassé d'exhiber cet artifice sans grâce aux regards désabusés de ses chéries, et emporté par un élan faiblement éthylique, il avait, comme qui dirait, lamentablement rechuté. Alors qu'il eût été si simple de mettre l'objet dans sa poche, il l'avait déposé au fond de son godet de planteur, en compagnie des écorces de citrons verts… Ni vu ni connu.

---

[6] « Mexico », chanté dans les années 67 par Luis Mariano

Hélas, de poche il n'avait point, car il était en maillot de bain.

Horrible malheur ! En un éclair, la sordide réalité lui sauta à la tronche comme mille incisives enragées.

Il y avait de ça, allez, une petite demi-heure, à l'heure où l'apéro s'étiolait, où l'on s'attablait, et où, on allait attaquer le pinard, il se revit, comme dans un film. Il balançait alors, du geste auguste du semeur, les zestes de citron qui mijotaient au fond de son verre en compagnie de la prothèse maudite qui elle aussi se mourait, à présent.

Misère et peaux de six troncs verts ! Julien réalisait avec effroi, comme anéanti sous le poids de dix tonnes d'agrumes, qu'il avait été capable de cette horrible boulette : une automutilation du dentier ! Ah, il ne rajeunissait pas. Il avait véritablement, avec enthousiasme même, jeté ses ratiches à la mer ! Comme un crétin de base.

Eh oui, en ce funeste 31 décembre de l'an 2017, pour la première fois, Julien avait été assez stupide pour lancer lui-même par-dessus le bord, ce petit bout de céramique enchâssé dans du plastique. Pourtant, cet artifice faisait de lui, en dehors des repas, un vulgum pecus tout à fait commun, question dentition faciale tout au moins...

Ce ne furent pas les fous rires spasmodiques des deux chipies, captant à l'unisson la cocasserie de cette situation, qui aurait amenuisé son désarroi.

Ainsi, le lendemain, en ce premier jour de janvier, Julien se mit à l'eau dès sept heures du matin, équipé de palmes, masque et tuba, afin de s'adonner à une partie effrénée de chasse aux chicots. Il en ressortit bredouille trois heures plus tard, rafraichi, penaud et irrémédiablement édenté, en dépit de l'assistance consentie aimablement par ses deux coéquipières…

Moralité, « Après ça, comment ne pas en vouloir, oh mon dentier ? »

Un bon opticien doit impérativement être une personne de confiance. On doit pouvoir s'y rendre les yeux fermés…

Croisière chirurgicale en Floride

Les croisières à thème ont le vent en poupe. Dans notre monde trépidant où tout est +++, le simple fait d'évoluer tranquillement dessus la mer jolie ne suffit plus à épanouir les passagers. Alors, il faut imaginer toutes sortes de lignes de communication pour attirer le chaland. Comme qui dirait des lignes de pêche au client…

Promenez-vous à Nassau,

Vous verrez arriver quotidiennement le paquebot Mickey, qui déverse sans traîner son imposante cargaison de sympathisants, blancs comme des fesses d'agriculteur breton. Une poignée d'heures plus tard, l'après-midi les ramène à bord, couleur homard à l'armoricaine, au son du slogan racoleur : « À présent, revenez tous à bord, c'est l'heure de vous faire Mickey… ».

Plutôt que de vous citer d'autres exemples du même style, je préfère vous informer d'une tendance marketing encore peu répandue, bien qu'initiée par la célèbre influenceuse « **Mamilou en short** », lors d'une de ses escales en Polynésie.

Récit de la première croisière chirurgicale polynésienne

Ayant imprudemment fiché une aiguille d'oursin dans un de ses nombreux doigts, la belle plongeuse avait négligé de traiter le problème en heure et en temps. Elle comptait naïvement sur l'efficacité de ses défenses naturelles pour dissoudre ce petit corps étranger, tellement infime selon son jugement.

Or, quelques jours plus tard, **les festivités de fin d'année** avaient réuni quelques joyeux compagnons de libation dont nous sommes friands de la présence en de pareilles circonstances. Hélas, c'est à ce moment-là qu'il apparût clairement que l'oursin avait bel et bien planté « le mal » dans la menotte de ma doudou. Celle-ci avait, à présent, la taille d'une belle mangue et un peu aussi la consistance (la main, bien sûr, pas la dame…). Direction « les urgences » en plein milieu de nuit de la Saint-Sylvestre.

Le hasard ayant, encore une fois, eu le bon goût d'agir avec pertinence, le médecin urgentiste de service cette nuit-là était notre ami Pierre B.

« Je termine mon boulot au petit jour. Le temps de me requinquer par une sieste réparatrice (il venait de bosser 24 h d'affilée…), je serais à votre bateau vers 11 h, et je vais inciser ça moi-même. Domi fera l'infirmier… ». Alléchant programme !

Oups ! Ceci est assez éloigné de **mes spécialités**, mais tant pis… Que ne ferais-je pas pour sauver Malou ? Alors, pas de discussion. Et c'est ainsi que Mamilou inaugura, malgré elle, le concept de « croisière chirurgicale », opérée dans le carré du Catafjord par l'ami Pierre qui transpirait comme un beignet. Tout se déroula à merveille, et la croisière put continuer à s'amuser, comme d'hab…

Quelques années plus tard, Mamilou en Amérique...

Elle goûtait, comme à son habitude, un périple fort agréable en la fascinante ville de **Baltimore**, Lady't Bee tranquillement assujettie dans une marina du centre-ville. Nos amis canadiens venaient juste de nous quitter pour repartir au travail, lorsqu'une magnifique vedette américaine de 52' s'amarra à la place voisine. Pour s'y marrer ? Allez savoir... Son propriétaire s'avéra rapidement avenant et volubile, tout comme sa charmante compagne. Ainsi, sans le concours d'aucun apéro, **une saine connivence s'instaura sans** tarder entre le couple Francine/Tom et nous. Nous échangions quotidiennement quelques politesses d'usage, tout en évoquant des anecdotes de nos vies respectives.

Un jour, Tom s'approcha tout près de la figure de Malou...

Ce faisant, il me causa un bref début d'inquiétude, rapidement dissipé par ces paroles :

« Malou, je suis chirurgien cancérologue, ceci est un cancer de la peau. Il faut l'enlever. »

Il désignait du doigt une petite excroissance qui ornait sa joue depuis plusieurs mois, à la manière de ce grain de beauté sur le visage de Cindy Crawford... Ambiance...

Puis il ajouta :

« Non, mais, pas immédiatement. Tu feras ça quand tu retourneras en métropole. »

Ah, bon... Oufff !

L'automne pointant quelques frimas précoces, nous primes congé, direction La Floride

C'est-à-dire là où vivent Francine et Tom. L'échange des amabilités d'usage fut conclu par ces quelques mots :

« Lorsque vous passerez en Floride, signalez-vous, nous nous reverrons avec plaisir. »

Ce genre de déclaration, parfois, ça fonctionne et d'autres fois, non.

Samedi dernier, la Lady approchant du secteur dit « Jupiter », Malou envoya un bref message à nos amis qui lui valut cette réponse presque immédiate :

« Rendez-vous au "Tiki52" à 17 heures. »

À l'heure dite, nos amis se pointent et acceptent une frugale collation à bord.

Belles retrouvailles chirurgicales improvisées

Après quelques dizaines de minutes de **discussions amicales sur des sujets divers** et d'automne, le naturel revint au triple galop chez notre copain Tom. Je ne vais pas critiquer, j'ai exactement le même travers, qui me pousse bêtement à offrir aux camarades de rencontre, une aide pour résoudre leurs problèmes techniques, dont certains trainent parfois depuis plusieurs années…

« J'ai quelque chose à vous proposer », annonce le chirurgien en retraite

« Je reviens demain matin, après une bonne nuit de sommeil et je vous emmène, avec mon auto, au supermarché pour faire vos commissions. J'apporterais mon petit nécessaire de couture, et je vais opérer Malou sur la table du cockpit ! »

Puis il se lève, montre du doigt l'endroit où elle va devoir s'allonger et celui où il va se positionner, lui-même, avec son scalpel et tout son fourbi. Ceci afin de procéder à l'ablation du vilain bourgeon qu'il suggère de transformer en boutonnière !

Comment résister à un tel élan de générosité ?

Chacun termina son verre et s'en fut dans ses foyers en attendant ce que l'avenir voudrait bien nous réserver pour le lendemain…

Et bien, aucune mauvaise surprise. Pas le moindre coup de théâtre. Rien, que dalle, pas d'imprévu ! Un Message, sur le téléphone, nous informa que le rendez-vous était fixé à 10 heures. Le programme serait maintenu, soit : commissions avec l'auto, retour à bord de Lady't Bee et ablation de la mouche avec un scalpel tout neuf, même pas rouillé !

Croisière chirurgicale

Ainsi donc, à midi pétant, l'affaire était entendue. La mauvaise petite tumeur avait servi de casse-croûte à quelque poisson de passage et Malou, à peine groggy, préparait le déjeuner. Nos amis s'étaient échappés rapidement, après les civilités de circonstances, en promettant qu'on se reverra… Aux Bahamas, pourquoi pas…

Et voilà précisément ce que j'appelle : une croisière chirurgicale réussie !

Escale à Fort-de-France, Martinique

Grande vigilance recommandée, car on peut s'y faire dépouiller…

« Ben, qu'est-ce qui lui arrive à celui-là ? »

C'est notre brave « Torpédo » électrique qui recommence à faire des siennes. Ça faisait longtemps que nous étions épargnés par les désagréments moteurs.

Sa carrière avait débuté sous le signe « balance » : un coup je fonctionne, un coup je déconne… Et puis, les divinités électroniques avaient repris les choses des électrons en main, avec succès. La garantie constructeur avait opéré et la machine était repartie du bon pied de biche, pour une durée indéterminable…

Et soudain, voilà t'y pas qu'après presque deux ans de bons et noyaux sévices (jamais compris cette expression), riz d'eau !

Je tourne le manche pour accélérer : gabonais absent !

C'est ballot. Surtout que nous nous apprêtons à, ous rendre à l'épicerie voisine, afin d'y quérir le sirop de fraise indispensable à la composition de l'apéritif préféré de mon grand bébé : le fameux daïquiri-fraise. N'importe quel néophyte en cocktail est capable de comprendre que, dans ce breuvage, le côté « fruit rose » est absolument déterminant.

Tout doit être en place pour recevoir la visite de Claire

J'ai omis de préciser que notre fille chérie arrive ce soir (un peu tard, mais bon, elle fait comme elle peut). Elle va nous enchanter de sa présence trois jours durant. La fête !

Mais, attention, il faut qu'elle ne manque de rien surtout. D'où l'importance de l'excursion/épicerie.

Hélas, c'est le moment qu'a choisi notre, d'habitude vaillant, propulseur pour faire sa petite crise d'adolescence.

Un moteur de secours s'avère fort utile pour une annexe

Par bonheur (et peut-être également par expérience…), le cas a été prévu et un vecteur de mobilité alternatif a été envisagé (je m'essaye à causer « moderne »…). En clair, nous avons acquis, suite à la précédente défaillance du « Torpédo », un modeste teuf-teuf deux-temps. Cette machine, de conception assez primaire, attend son heure de gloire dans un coffre depuis bientôt deux ans. Aussi pétaradante que polluante, je reconnais que je la boude depuis le jour de son arrivée à bord de la Lady.

Voici donc venu le moment de sa revanche. En cette circonstance, je me trouve dans l'obligation de le gréer promptement, sans faire d'histoire. L'intervention me monopolise une bonne partie de l'après-midi. La « bécane » en question n'ayant encore jamais eu l'honneur de mouvoir notre super annexe TenderCat, quelques ajustements s'avèrent, hélas, nécessaires. Scie sauteuse, disqueuse, perceuse, jeu de clés et pinces diverses dont l'énumération serait fastidieuse (déjà que…) et voilà enfin le dinghy opérationnel !

On croise beaucoup de malpolis dans les mouillages caribéens

De retour de l'épicerie, muni des quelques ingrédients nécessaires à un accueil circonstancié, un autre désagrément vient, une nouvelle fois, égratigner notre bel optimisme, qui vacille quelque peu, sur le coup.

Jugez plutôt : en notre absence, un guignol à voile est arrivé et a posé son ancre comme une bouse, au mauvais endroit. Et à présent, son « bourrier » s'approche de la Lady à moins de cinq mètres... Par comble de malchance, le bouffon qui en a la charge est un malotru qui nous fait rapidement comprendre qu'il ne bougera pas.

Il vient souvent ici, exactement à cet emplacement, et il considère donc que c'est là SA place !!! Son bateau bat pavillon de La Barbade (et nous sommes en Martinique).

Tout à la joie de l'arrivée imminente de Claire, je tente frénétiquement de positiver, mais cette succession d'incidents désagréables commence à me brouiller l'écoute de la bonne humeur. Elle est prévue arriver à 20 h. Nous décidons d'attaquer un raisonnable apéro d'attente, une recette qui s'avère en général très efficace pour détendre un peu l'atmosphère.

Un antivol, c'est bien, surtout quand on en possède la clé

Bientôt, pout, pout, pout, le pétaradant ustensile japonais pousse la TenderCat jusqu'au rivage.

Claire va arriver dans dix minutes. Je me hâte de mettre en place le câble antivol à l'aide de ce bon vieux cadenas qui nous accompagne depuis quelques années. Sitôt verrouillé, à peine grimpé sur le quai, un genre de flash psychédélique et paralysant me frappe instantanément et me tétanise durant environ un dixième de seconde :

« Merdouille en flaque… j'ai oublié la clé » !!!

Et Claire nous a invités à dîner ensemble au restaurant, dès son arrivée…

Ce ne sera certes pas au retour de ce genre d'agapes que je serais en pleine forme pour résoudre ce petit malentendu…

Obligé de saboter mon propre cadenas

Soudain galvanisé par ce nouveau coup du sort, je décide de sectionner moi-même notre propre antivol avant l'arrivée de la mignonne, approximativement au coucher du soleil. Grâce à ce merveilleux couteau suisse Victorinox (offert par Claire et Malou il y a plus de quinze ans), avec seulement un quart d'heure de malaxage hystérique, le câble est déchiqueté et le dinghy libéré.

Justement, ça tombe bien, la Claire est en vue, de l'autre côté de la rue.

Retrouvailles chaleureuses avec la chérie…

Embrassades et rigolades sont les mamelles de ces effusions heureuses…

Maintenant qu'elle est avec nous, il ne peut plus nous arriver grand-chose. Notre porte-bonheur est de retour. À nous la super bonne soirée ! Et nous dînons à l'Impératrice, place de la Savane, à Fort-de-France, dans la joie et la bonne humeur.

Sur le chemin du retour, un petit « lolo » dans le plus pur style antillais vient à nous tenter. Alors, pourquoi pas un coup de rhum vieux ?

Dégustée sous les parasols, au son de sympathiques musiciens locaux, cette raisonnable libation achève de nous combler… Ambiance voyage autour du monde…

Plus tard, c'est sous la pluie diluvienne d'une abondante averse tropicale que nous rejoignons notre TenderCat.

Les filles pressent le pas, cependant que je lambine, en m'abritant derrière le tronc d'un palmier des rigueurs de ce violent grain nocturne.

Minuit, sous la pluie, à Fort-de-France

Soudain, la voix de Malou déchire la nuit :

« On nous a volé le moteur ! »

Elle sait être taquine, parfois. Spécialement lorsqu'elle est « associée » à notre grande chipie qui n'est pas la dernière pour les plaisanteries à incidences variables.

Hélas, la triste réalité ne les pousse pas à un excès de « poilade »…

« Le moteur n'est plus là », confirme-t-elle, mi-dépitée, mi-énervée, mi-désespérée…

Par prudence, j'équipe toujours nos engins flottants de moyens de locomotion de secours. En l'occurrence, la chance est de notre côté : on ne nous a pas piqué les avirons.

Quand la malchance persiste, c'est la poisse qui s'installe

Nous ne sommes donc pas des « poissards » irrémédiables, et ça, c'est quand même très rassurant.

Notre retour à bord ne mérite même pas d'être mentionné ici : un insignifiant voyage totalement dépourvu de désagréments supplémentaires.

Allez, un dernier petit rhum vieux de débriefing et, au lit !

Claire, qui sait trouver les bons mots pour faire preuve de philosophie conclue ainsi :

« Mais papa, c'est une vraie chance pour toi. Tu ne l'as jamais aimé ce moteur… »

Conclusion inspirée du grand poète Georges Brassens

Mon poète préféré :

« Monte-en-l'air, mon ami, que mon bien te profite ! Ce que tu m'as volé, mon vieux, je te le donne !

Et ne te crois surtout pas tenu de revenir. La moindre récidive abolirait le charme, laisse-moi, je t'en prie, sur un bon souvenir. »

Échangisme et pêche au gros

- Demain, après la journée de pêche, on partagera nos thons, d'accord ?

- N'y pense même pas, ma femme est terriblement jalouse

Un bon moyen de déplacement urbain : les trottinettes

À Baltimore, comme dans la plupart des grandes villes américaines de la côte Est des USA, des trottinettes sont en libre-service partout dans l'agglomération.

Elles sont en location.

Plusieurs compagnies en exploitent des flottes conséquentes, permettant ainsi un accès aisé et rapide à tout l'immense centre-ville.

Les superpiétons de Baltimore

Les utilisateurs de ces engins modernes sont plus assimilés à des « superpiétons » qu'à des cyclistes.

Pourtant ils déambulent à des vitesses comparables à celles des 2 roues. Ce qu'ils sont, en fait…

Ces intéressantes machines à propulsion électrique se trouvent disséminées partout dans la cité et sont disponibles en libre-service.

Comment ça marche ?

On peut les louer dans la rue, c'est super !

Qu'une de ces montures soit laissée sur le trottoir, l'usager peut se l'approprier à l'aide de son téléphone portable, pour autant qu'il reste de l'énergie dans la batterie. Le personnel des compagnies de location récupère les véhicules en soirée, grâce à un système de géolocalisation, les ramènent à leur base pour les recharger et réparer si nécessaire puis les remettent en service.

Et ça marche bien ce système ?

Oui. Tout ceci est fort efficace et permet de se rendre d'un point à un autre très rapidement et sans fatigue.

Mais, « faut payer ». Évidemment…

Alors, toujours à l'affût de solutions rusées et pas chères, j'ai trouvé une stratégie intéressante et honnête pour profiter de ces trottinettes sans rien débourser. Attention, je reconnais qu'il subsiste quelques petites tares à mon système, mais si peu que je ne rechigne pas à vous dévoiler ce *presque génial* procédé.

Il existe un moyen de finasser…

Lorsque je me rends d'un endroit à un autre, je commence par marcher tranquillement, mais pas trop lentement tout de même. Puis, je repère une trottinette disponible sur le bord du trottoir et je monte dessus, mais je ne paye pas. Ainsi, elle ne me coûte rien ! Je reste comme ça quelques instants, appuyé contre un muret ou un arbre, ce qui me donne un peu de repos.

Puis je continue mon chemin jusqu'à la bi-roue suivante, à laquelle je refais le coup.

Et voilà, ce n'est pas plus compliqué que ça

De cette manière, je parviens au final à ma destination en ayant profité un peu de ces engins magiques, mais sans fatigue excessive, et tout ça gratos ! À noter qu'il est parfaitement possible de s'assoir sur la trottinette, pour se reposer encore plus si nécessaire !!!

Alors, elle n'est pas géniale ma solution ?

Rencontre passionnante avec l'équipage d'Energy Observer

C'est quoi « Energy Observer » ?

Energy Observer, c'est une expérience passionnante destinée à étudier un mode de propulsion sur les mers, efficace et peu polluant et qui peut se décliner sur presque tout ce qui navigue.

Une sympathique journée presque ordinaire

Souvent, les journées ordinaires se suivent et parfois se ressemblent. Mais, il arrive bien plus fréquemment qu'elles ne se suivent pas. Par exemple, hier n'a pas succédé à aujourd'hui.

Un truc très commun. C'est qu'au milieu des périodes qui se suivent et qui se ressemblent, on peut se retrouver avec une sympathique journée meilleure que la basique. Laquelle aurait remplacé une autre journée ordinaire, assortie d'une imprévue bonne nouvelle, tout en ne lui ressemblant pas du tout.

Aujourd'hui c'est journée extraordinaire !

Déjà, mon réveil a été tardif et légèrement fastidieux, ce qui m'est inhabituel. Et puis, un boulot, aussi incontournable que rébarbatif, attendait depuis quelques jours, que je l'attaque vigoureusement.

Parenthèse commune et inévitable en grand voyage…
Divertissement à l'eau de boudin…

Il s'agit d'une intervention sur la caisse à eaux noires (vulgairement appelée « caisse à m… », vous m'avez compris)… Vraiment, il m'a toujours semblé opportun d'adopter à son endroit une attitude posée, si ce n'est diplomatique… La précipitation, en la matière, c'est un coup à s'en coller partout !

Réparation d'une caisse à eaux noires

En ces graveleuses circonstances, il n'est pas rare que les évènements se déroulent un peu différemment des prévisions.

Alors, on peut se retrouver englué dans des difficultés qui relèvent des matières dont il était question il y a seulement quelques secondes.

Je ne vous fais pas des seins, comme disent les chirurgiens esthétiques…

Avec un peu de chance, ça va mieux

En ce magnifique lundi matin, les divinités fécales eurent le bon goût de m'épargner leurs épanchements et tout se passa à merveille.

L'affaire aurait pu s'arrêter là, avec cette conclusion heureuse : une réparation à la fois élégante et efficace, mais il y eut encore plus fort !

Un bonheur peut en cacher un autre…

Le navire « **Energy Explorer** » est un laboratoire mobile d'expérimentation. Il collecte, autour du monde, des données sur différents systèmes et dispositifs de propulsion « dernier cri ». Il se trouve actuellement en escale technique ici même, en Martinique. À dix minutes en annexe de l'endroit « ousqu'est » mouillée la Lady[7]

---

[7] Voir La belle et le bouchon gras.

Depuis tant de mois, j'espérais caresser du regard ce canote positivement passionnant. Et il était là, à portée de « z'yeux », d'analyse et de supputations variées !

Je confiais bientôt à mon ami Marc (VP), par e-mail, mon intérêt pour cette unité d'exception. Ce navire est équipé d'un système de propulsion vélique mis au point par **VPLP**. Cet illustre cabinet d'architecture navale eut le talent de concevoir le gréement du dernier vainqueur de la prestigieuse **coupe de l'America**. Depuis, il travaille à décliner ses inventions sur des bateaux plus « conventionnels ».

En définitive, la chance est de mon bord. D'autres divinités ont décidé de me choyer en ce 11 janvier. Car Marc me mit rapidement en relation avec le capitaine d'Energy Observer. Et Marin, c'est son prénom, nous invita à lui rendre visite pour nous présenter le canote et le projet en détail.

Pour un retraité comme moi, toujours un peu à l'écart du « monde des actifs » et « en voyage », quel délicieux moment d'échange ce fut !

Energy Observer mène une magnifique campagne de tests et de mesures

Marin avait des choses passionnantes à nous apprendre. Il nous régala d'une visite approfondie et d'une abondance d'explications majeures.

Il poussa même la politesse jusqu'à prêter une oreille attentive à mes propositions de peaufinages techniques sur les carènes et lignes d'arbres.

Nous sommes convenus d'une **communion apéritive** prochaine à bord de la Lady dès que leur emploi du temps le leur permettra.

Et voilà précisément ce que j'appelle une sympathique journée ordinaire réussie.

Il parait que le lac Léman est plein de poissons-coffre-fort

Retour en mer avec poissons volants et prédateurs

Quel est le VRAI sujet de cet article ?

Célébrer la joie d'être en mer et le bonheur d'évoluer dans cet incomparable espace de liberté. Et exprimer le dégoût que l'on ressent face au harcèlement pratiqué par certains agents de l'État carriéristes et peu scrupuleux…

Après quatre mois de sédentarité prédéconfinement, quel plaisir d'enfin se retrouver au large, en compagnie de poissons volants et prédateurs voraces !

Éole nous a gratifiés d'une météo de rêve et tout n'est qu'émerveillement pour nous.

Et planent les poissons volants…

La dernière génération d'exocets fait jaillir de nos étraves des étincelles d'argent. Effrayés par le monstre que nous sommes pour eux, ils cherchent avec vigueur leur salut dans une fuite éperdue. Poissons volants et prédateurs ne font pas bon ménage.

Hélas, les effets de leurs précipitations sont à l'opposé de leurs objectifs.

Car les rapaces sont à l'affût…

Une escadrille d'oiseaux de mer affamés a repéré leurs manigances…

Redoutables prédateurs tournoyant inlassablement autour de la Lady, ces fins chasseurs leur tombent dessus comme des missiles.

À peine ont-ils replié leurs ailes diaphanes pour plonger que les jeunes poissons volants pataugent déjà dans le suc gastrique. Les voilà à l'intérieur de l'estomac des voraces volatiles qui les ont ingurgités goulûment.

Ils n'ont même pas eu le temps de savourer la satisfaction d'avoir échappé à l'énorme « Lady ». D'ailleurs, elle ne présentait aucune menace réelle pour eux.

Les plus dangereux charognards sont déguisés et peu marins…

Ainsi en est-il parfois pour nous, pauvres humains, trop occupés à nous méfier bêtement d'untel au visage inhabituel… Pour nous autres, navigateurs, le véritable prédateur n'est pas un poisson volant… Il rôde, costumé, en sa grise embarcation…

Il chasse la prime avec l'assiduité malsaine de l'employé cupide qui en veut toujours plus. Alors, avec la vile assurance que lui confère son statut, il va tenter de ponctionner au maximum le brave citoyen. Car il espère lui soutirer, même illégalement, quelques milliers d'euros.

« Vous savez Madame, nous sommes deux agents assermentés. Vous aurez systématiquement tort en face de nous, votre parole ne pèsera rien contre la nôtre ! Signez là, maintenant. », Disait le verbalisateur en présentant à la victime effarée un écrit truffé de mensonges…

Que l'on soit poisson volant, raie léopard ou voyageur, on est régulièrement la proie potentielle de quelques voraces prédateurs…

Le vieux sage connait les grimaces…

C'est pourquoi il est important de savoir placer sa méfiance judicieusement.

Je pense à un marin expérimenté qui considère les **voleurs de moteurs hors-bords** et autres pickpockets beaucoup moins redoutables que certains fonctionnaires véreux et cupides.

Hélas pour le citoyen ordinaire, ceux-ci sont d'autant plus difficiles à détecter qu'on rencontre une majorité de gens intègres dans leurs rangs... Ainsi, évoluant au sein d'une population globalement honnête, ils peuvent, à leur aise et sans risque, racketter les plus faibles en évitant de se frotter aux vrais dangers de la mer et des trafiquants.

Quand il fait plus froid dans la cuisine que dans le réfrigérateur, on peut toujours ouvrir la porte du frigo, pour réchauffer un peu...

Vendée Globe et autres « tours du monde »

Combien existe-t-il de manières de faire le tour du monde ?

Une infinité ! Pour en savoir plus, lisez la suite…

La fascination « tour du monde » concerne la course Vendée Globe, mais pas que…

« Vendée Globe » et « tour du monde ». Ces petits vocables, accolés comme des gamins préparant quelques bêtises, exercent un attrait quasi hypnotique. Principalement sur certains individus peu enclins à la sédentarité et portés sur l'humour, dont je fais partie. Nul doute qu'il en est de même pour quelques autres. Ainsi ces milliers de personnes qui se pressent en rangs serrés aux Sables-d'Olonne, tous les quatre ans.

Comme en pèlerinage, ils viennent participer à la grande communion du départ de ce tour du monde particulier appelé « Vendée Globe ».

Côté « exploit » en voilier, le summum, c'est le Vendée Globe

Celles et ceux qui se lancent en mer dans cette compétition appartiennent à une communauté tout à fait exceptionnelle.

On pourrait presque dire que ceux-là sont entrés en religion ! Engagement personnel, opiniâtreté, talent sont des qualités dont ils ont dû abondamment faire preuve, uniquement pour être admis à participer. Ce qui fait d'eux, avant même le coup de canon du départ, des êtres hors du commun.

L'instigateur de la première édition avait énoncé une formule magistrale : « Dans le Vendée globe, tous les arrivants sont des vainqueurs ».

Accomplir le tour du monde est une expérience d'une richesse et d'une intensité inouïe

À côté de ça, « tour du monde » n'est pas synonyme de compétition. Il y a autant de manières d'accomplir ce voyage original et fantastique que d'individus attirés par le concept. On peut se lancer dans la boucle à pied, à vélo, en pédalo ou en bateau à voiles (mais pas en TenderCat)…

Cependant, partir d'un endroit de la sphère, dans une direction, et en revenir par l'opposé n'a rien d'anodin. Il est indiscutable que le monde moderne a grandement simplifié l'accès à ce périple passionnant. Pour autant, l'accomplir n'est pas à la portée de n'importe qui. Le résultat se mérite. Une raisonnable dose d'humour facilite bien les choses.

Jamais banal, un tour du monde, au contraire[8]

Il est insidieusement devenu de bon ton de banaliser l'accomplissement d'une circumnavigation en voilier. Quelle sottise !

---

[8] Voir « l'accordeur voyageur », une nouvelle à lire en ligne sur domimontesinos.com

Vivant sur la mer depuis plusieurs décennies, nous avons souvent observé le nombre élevé de candidats qui échouent dans ce projet : ceux qui ne parviennent jamais à recroiser leur propre sillage dans l'autre sens. Loin de moi l'idée de prétendre qu'il y ait là un quelconque exploit. Bien des équipages réalisent de magnifiques navigations.

Ils font ce qu'Éric Tabarly appelait avec poésie « du bateau joli », sans pour autant se contraindre à « faire la boucle complète ».

Il n'en demeure pas moi qu'accomplir cet extraordinaire périple a un goût particulier et très appréciable.

Un tour du monde en voilier, quel voyage merveilleux !

Cette manière de découvrir notre planète « par les océans » offre pléthore de satisfactions d'une rare intensité. L'alternance des phases maritimes et des périodes terrestres évoque les différents mouvements d'une réjouissante symphonie de la vie. Aux passages « allegro » dans une mer formée, excitée par un alizé vigoureux, succèdent des épisodes plus délicats. Boursouflées d'humanité et d'humour, elles se savourent à l'escale comme autant de menuets, tempo « moderato ». Une traversée procure toujours un niveau rare de symbiose et d'intimité avec la Sainte Trinité du marin : le vent, la mer et le bateau. Et puis bientôt, presque trop tôt parfois, malgré le bien-être du large, survient la parenthèse terrienne.

Alors, ce sera le tour des communions apéritives, des effusions diverses et autres manifestations d'amitié…

Escales de rêve et difficultés variées autour du monde

C'est alors la confrontation (j'aurais dû dire la rencontre…) avec « l'autre ». L'inconnu, le « singulier », celui chez qui l'étranger, c'est nous ! Le sentiment d'être en demande d'hospitalité est permanent et même insistant pour le voyageur maritime. Nous sommes des intrus qui devons nous faire accepter.

Très différent du vacancier qui sort d'un avion après quelques heures de somnolence et va rejoindre son hôtel climatisé. Le navigateur, lui, vient d'un ailleurs qui s'appelle la mer. Un monde impitoyable et sans état d'âme. Soit on a compris et admis ses règles et alors, « merci pour ce moment ». Soit on l'a mal jaugé et le « passage » a probablement été plus douloureux. Toujours est-il qu'à l'arrivée, on est « chez les autres ». Afrique, Amérique du Sud, Asie, Océanie, on est rarement en France. Et c'est aussi un peu le but.

Pour un flirt autour du monde en voilier

Un tour du monde en croisière océanique, c'est un flirt, en voilier, avec une quarantaine de pays. On y découvre des cultures et des habitudes sociales différentes. Tous sens en éveil, chaque jour apporte son lot de leçons universelles, d'humilité, d'émerveillement et d'exemples de styles d'existences.

Aussi éloignés que peuvent l'être ceux du curé de Saint Frégant et ceux du régisseur de l'Alcazar de Las Vegas…

Encore faut-il prévoir des escales suffisamment longues pour avoir le temps de faire connaissance.

L'apprentissage de ce quotidien proche de la nature permet de savourer le goût subtil de la lenteur. Elle seule est le gage d'une qualité de vie, aujourd'hui largement négligée.

Et puis, au final, c'est le retour à la joie des victoires insignifiantes et intimes. Ainsi cette conclusion : « Nous l'avons fait ! C'était bon ! Et comme on se sent bien à présent ! ».

Mais, attention à l'addiction. Un tour du monde a vite fait d'en susciter un autre. Et nul n'est à l'abri d'une récidive, car la vie n'offre pas pléthore d'expériences de cette intensité.

Problème d'eau à Cuba : quelqu'un avait fermé l'Havane

Un remède de grand-père, le grog à ranger

Cet article est-il une recette de quelque boisson roborative inconnue ?

Pas du tout. C'est juste une histoire vécue racontée avec un soupçon d'exotisme avec l'objectif de distraire son auditoire…

Comment créer un élixir magique et simultanément, un concept d'annexe innovant ?

Depuis quelques jours, mon esprit est confiné à 100 % autour de mon sujet favori, les bateaux.

Le dinghy de la Lady est un modèle gonflable. Hélas ! Il fuit comme un continent. Sans cesse il se dégonfle et c'est gonflant. Je dois le gonfler souvent alors que lui me gonfle tout le temps, et ce, depuis des mois… Et je ne connais pas un remède de grand-père pour y pallier…

Bref, en ce moment, je suis sur un chantier de conception d'annexe catamaran en contreplaqué qui me remplit bien le confinement, si vous voyez ce que je veux dire…

On peut fabriquer une maquette en carton tout en inventant un grog anticovid

J'en suis à la fabrication d'une maquette au 1/10 ème.

Cependant que mes doigts s'occupent activement à tracer, découper, coller, mon esprit, reste toujours prompt à vagabonder du côté du bar de l'escalier.

Et là, eurêka, me vient soudain l'idée d'un antidote de grand-père, décliné bien sûr, pour combattre la vilaine petite bête qui agace tout le monde en ce moment[9] !

Une recette du bon vieux temps archiconnue, un véritable remède de campagne, spécialement adaptée pour la circonstance : le grog arrangé !

Un remède de grand-père adapté aux nouvelles circonstances

Je vous la livre, mais, attention : je vous demande à tous, amis, lectrices assidues, lecteurs assoiffés, épicuriennes, épicuriens et pis l'curé, tous les buveurs du samedi soir, et ceux des autres jours : discrétion avant tout ! Il ne s'agirait surtout pas que notre recette ultraconfidentielle parvienne aux oreilles de ces sommités si promptes à combattre le bon sens de terrain au profit de solutions dispendieuses... Ils en concevraient immanquablement haine et jalousie, au point, peut-être, de venir chercher des époux dans la tête des plus célibataires d'entre vous...

Mais, trèfle de plaisanterie, voici donc :

Le « grog à ranger »...

La potion se présente, au commencement, comme un classique « ti'punch » : citron vert, sucre, rhum... Jusque là, tout le monde suit.

---

[9] Virus du covid19

À présent, il est temps d'amorcer le « petit plus » qui mènera au fameux grog thérapeutique que j'vous cause…

Abstenez-vous d'attaquer immédiatement ce brave ti'punch avec modération. À la place, finissez de remplir la tasse avec, tout simplement, de l'eau de vie ! Eh, oui, du « lambic », tout bêtement. Choisissez, de préférence, un breuvage du type de ceux que certains druides de l'ouest du pays confectionnent en fin d'année, histoire de terminer, en beauté, le cidre de l'année dernière… Pour pas gâcher, comme qui dirait.

Le remède de grand-père, c'est imparable
Versez à présent l'élixir dans une cafetière et pensez à appuyer sur le bouton « on ».

Scrutez avec attention le moment où la température sera suffisante pour boire bien chaud, en demeurant, toutefois, en dessous du seuil de la douleur.

Et là, maintenant, ingurgitez d'un seul trait, sans réfléchir et sans respirer.

Posez la tasse vide et filez au lit direct : vous êtes, virtuellement guéris et immunisés…

Cependant ça ne se verra que le lendemain matin.

Étant donné le caractère confidentiel de cette révélation, vous saisirez tous, chers amis, que j'ai à cœur de rester dans un anonymat de soldat inconnu. Si j'ai tenu à vous faire profiter de ma découverte, c'est par pur altruisme.

Comprenez que j'ai à cœur, moi aussi, de participer, à mon modeste niveau, à l'effort collectif. Cette tentative de mise au point d'un antidote efficace et peu onéreux, c'est pour, à mon tour, lutter…

Bien entendu, il serait sans doute mal venu de diffuser ce produit à grand renfort de campagnes publicitaires et autres déclarations fracassantes dans la presse.

Un bon pochetron n'adopte jamais un comportement d'Evian

Un magnifique coucher de soleil à Grand'case, Saint-Martin

Est-il fréquent de pouvoir admirer de somptueux couchers de soleil sous les tropiques ?

Oui, très souvent !

Grand'case est un village qui s'étire sur la côte ouest de l'île de Saint-Martin, dans la mer des Caraïbes. Pour un observateur situé dans sa baie, chacun des couchers de soleil aux Antilles est une nouvelle aventure.

Je précise qu'il en est de même dans les anses sises sous le vent des îles exotiques du monde entier. Même une simple crique à Saint Christopher, suffit à accueillir le spectacle, théoriquement quotidien, de cette féerie planétaire. C'est ici que nous goûtons le plaisir et l'avantage de confiner, dans la joie et la bonne humeur tropicales...

Moments privilégiés et facétieux couchers de soleil aux Antilles

Ces instants délicats sont rehaussés de subtilités polychromes infinies. Ils officialisent la passation de pouvoir entre l'activité diurne et le monde chagrins des chats gris.

Magie des tropiques... Reconnaissons à l'actuelle période de « vie confinée au ralenti » le mérite de nous inviter à n'en pas louper une miette.

L'heure du thé, si bien évoquée par le photographe Michel Dubois, dans un ouvrage magnifique

À présent, la dernière tasse de thé de l'après-midi est à marée basse. Elle laisse, échouées en son fond, quelques erratiques particules d'herbacées échappées du sachet.

C'est à ce moment que la pensée du navigateur encalminé s'égare aux confins de l'horizon.

Bientôt, une étrange alchimie… Ou peut-être est-ce le sens marin qui pousse inexorablement à anticiper ce qui peut l'être. Alors, quelques sempiternelles interrogations apparaissent. La contemplation d'un ciel limpide, qu'aucun nuage ne viole à l'approche du crépuscule, anime l'esprit.

Puis, elle suscite invariablement, chez certains poètes, cette interrogation un peu puérile : « Comtemplerons-nous le rayon vert ? ».

Par contre, si une épaisse chape de plomb écrase l'horizon, la question se mue en : « Est-ce qu'au moins nous le verrons disparaître, ce soir ? ».

Le soleil couchant, c'est de la poésie, du grand spectacle, de la musique en couleur

Un facétieux coucher de soleil aux Antilles, pour ceux que ce spectacle fascine, est un véritable évènement. Le point d'orgue d'une **sympathique journée ordinaire**. Voici une histoire, un conte pour enfants. Et puis un poème. Enfin un acte d'amour. Ou mieux, une tranche de vie subtilement érotique. Parfois, la nébulosité est si dense qu'elle parvient à annuler purement et simplement la séance. Déception… Dans mon île de Saint Pierre et Miquelon, près de Terre-Neuve, ce cas n'est pas rare.

Aux tropiques, ça l'est nettement plus.

Voici une scène de théâtre imprévisible et ironique

À l'approche de l'évènement, c'est là que s'installe une partie du suspens pictural. Le firmament apparaît encombré de noires masses nuageuses, compactes comme une armée de virus en rut.

Alors, le pessimiste broie du gris : « Ce soir, il n'y aura rien à voir ».

Il est mélancolique et attristé à la vue de son verre à moitié vide, en pleine **dévotion apéritive**…

C'est précisément en ces circonstances que la différence favorise d'autres personnes :

La confiante,

La curieuse,

L'optimiste,

Même la nonchalante,

Aussi l'oisive

Et, bien entendu, la veinarde…

Un coucher de soleil sombre et gris peut cacher une surprise de dernière minute

Improbable émerveillement tropical

Ainsi, un sombre décor, chargé de gris jusqu'au pavois, semble décidé à licencier le disque jaune, sans préavis. Puis il révise soudain sa position ! Volte-face céleste et providentielle ! Une manière de miracle se produit alors. Une déchirure, pratiquement indécelable auparavant, détermine, à présent, un interstice prometteur !

Alors que tout paraissait s'éteindre, une fente, fenêtre inattendue, vient réveiller l'espoir.

Une fenêtre !

Ah, ça, c'est un peu court mon pote, car, sans avarier le thon, on pourrait suggérer nombre d'autres vocables.

Par exemple :

Un « Vélux » pour le couvreur,

Un hublot pour le marin,

Une meurtrière pour le soldat,

Une baie vitrée pour l'architecte,

Un vasistas pour le fabricant de maisons d'outre-Rhin

Une lucarne pour Monsieur M'Bappé

Un sabord pour le capitaine Haddock,

Et pour la postière, un guichet.

Bref, une ouverture, donc, par laquelle l'astre céleste arrivera à s'exprimer enfin.

Le soleil est un incorrigible cabotin terriblement surprenant !

Ce soir, le sublime spectacle de l'immersion lascive du héros lumineux semblait compromis.

Et pourtant, l'artiste apparaît soudain, rayonnant, en son éphémère scène de théâtre. Et il parvient, une fois encore, à combler son public. Son magistral numéro, bien que parfaitement rodé, est encore une fois renouvelé.

Le rayon vert, c'est l'ultime clin d'œil de l'astre atomique

Mais le fameux « rayon vert », cerise de l'espérance sur le mille-feuille de l'horizon, ne saurait être systématiquement au rendez-vous. Ce serait trop. Et c'est bien ainsi, judicieux qu'il est de préserver une certaine « rareté ». Il n'en réserve que plus sûrement son réjouissant spectacle aux véritables amateurs de couchers de soleil féeriques.

En quête d'éléments d'optimisme consécutifs à la crise du covid...

Les tares majeures qui affectent l'ensemble de l'humanité et notre bonne vieille terre sont, pour la plupart, clairement visibles et connues de tous. Famines, guerres, pollutions perturbent férocement le quotidien de nombreuses personnes et l'avenir de notre planète. Pourtant, et en dépit du caractère insupportable de certaines d'entre elles, la proportion des individus qui les regardent en face, les observent, les analysent et cherchent à comprendre est plutôt modeste...

Alors, le Covid, peut-être une chance pour le monde vivant ?

Le rythme effréné de la vie actuelle

Où l'argent est roi et le temps vaut de l'or, ne laisse pas un instant disponible pour s'intéresser à autre chose que l'immédiat. De même, le niveau de sollicitations diverses et le véritable bombardement d'informations dont chacun fait l'objet n'accordent que peu de place à la réflexion et encore moins à la méditation.

La situation de confinement, quasi mondiale, dans laquelle une majorité des habitants de la planète se trouve momentanément plongée pourrait, si elle dure suffisamment, conduire beaucoup de gens à prendre conscience de certaines aberrations et incohérences nous affectant au quotidien.

Et alors, on pourrait se dire que ce Covid est peut-être une chance pour l'humanité.

Le confinement en question

« Il y a les vivants, les morts et ceux qui sont en mer », énonçait le philosophe. Les gens de mer, voilà bien une corporation habituée à pratiquer le confinement… En fait, pour un terrien, s'aviser de **s'aventurer sur les flots** est sévèrement contre nature, à la base. Pourtant, tout le monde est concerné par le quotidien de ces personnes. Je parle des bipèdes qui passent leur vie sur les océans, à transporter des automobiles, des téléphones, des jouets de Noël et toute cette sorte de choses. À moins qu'ils n'affrontent cette promiscuité et cet inconfort à dessein de capturer **les poissons** qui constituent une part importante de la nourriture destinée aux humains.

Citoyens du monde

Comme me le faisait remarquer mon ami Manu, marin de commerce originaire d'Haïti, pays où plusieurs milliers d'enfants meurent de malnutrition chaque année :

« J'ai du mal à comprendre un Européen qui se plaint d'être confiné dans son appartement… Alors que son frigo est bien rempli et ses gamins en bonne santé »… Que répondre ?

Mustafa, soudanais vivant au Burkina Faso, cueille le coton, à l'instar de son copain Souleymane. Alors, chacun d'eux, toute la journée aux champs, connaît la solitude, le travail pénible et les revenus faméliques… Leur bien le plus précieux est l'eau. Elle a, à leurs yeux, une valeur inestimable.

Ce qui les rend perplexes, c'est d'entendre se plaindre des personnes qui en disposent à profusion en ouvrant simplement un robinet…

Et le bonheur, dans tout ça ?

« Démerdez-vous pour être heureux », professait le bon père Jaouen, dans sa grande sagesse. Hélas, il semble que peu de gens aient la capacité à identifier ce qui les fait réellement leur félicité. La course au fric, ce poison incomparablement plus dangereux que n'importe quel virus, a remplacé la culture du « savoir bien vivre ». Toujours plus, toujours plus vite. Souhaitons que la crise actuelle occasionne un magistral coup de frein à toute cette agitation frénétique.

Qu'en sortira-t-il alors ?

Personne ne peut le prédire. Cependant, il me plait d'imaginer qu'à l'issue de ce qui est manifestement une épreuve pour beaucoup de gens, quelques points positifs puissent émerger de tout ça.

Rien ne sert d'être trop triste.

Par exemple, que l'on réapprenne le goût du désir et l'envie. Ils pourraient remplacer avantageusement cette impatience maladive de satisfactions immédiates qui caractérise certains de nos contemporains.

Et la pollution ?

Que l'on admette, enfin, que ce fléau est réellement l'affaire de chacun et de tous. Que l'on réalise combien chacun de nos gestes quotidiens influe sans conteste sur l'état général de la planète, ce qui est déjà visible après seulement une semaine (de confinement). Pourquoi ne pas parcourir plusieurs centaines de mètres à pieds, ou quelques kilomètres à vélo, pour aller quérir son pain ou se rendre au travail. Ce serait incomparablement plus générateur de bien-être que de s'engouffrer dans son gros s.u.v. pour « grapiller » quelques minutes, clim à fond et klaxon aux abois.

Mon désir,

Alors, dans ma grande naïveté, je fonde quelques espoirs sur une prise de conscience générale.

Elle pourrait, pourquoi pas, aboutir à une redécouverte significative de certaines activités et attitudes de politesse et bienséance tombées en désuétude.

Peut-être que cette obligation de confinement poussera à cultiver l'art du savoir-vivre en communauté. La délicatesse pourrait regagner une place de choix dans le quotidien de tout un chacun... Il se pourrait, peut-être, qu'à la faveur de cet épisode totalement extraordinaire, on réhabilite la satisfaction liée à l'entraide et à la solidarité, collant ainsi un magistral coup de boule à ce détestable égoïsme qui s'est répandu récemment comme un vulgaire virus.

En conclusion

Puisse cette modeste prose aider certaines lectrices et certains lecteurs, que le stress et la peur affectent, à conserver le moral et à se gorger d'optimisme.

Boire un petit coup c'est agréable, mais…

À l'image de l'échelle de Beaufort qui caractérise la force du vent, ou de celle de Richter mesurant la magnitude d'un séisme, je vous propose, aujourd'hui, un équivalent qui permettrait de qualifier l'état éthylique d'un quidam en quelques mots.

L'éthylotest du poète…

La célèbre échelle dite « de Beaufort » qualifie, de manière imagée et réaliste, la force du vent et l'état de la mer qui y correspond.

Mais, qu'existe-t-il concernant la désignation d'une personne ayant ingéré de l'alcool ?

Rien ! Que dalle ! Et c'est bien dommage.

Tentons ensemble de définir une hiérarchie juste, impartiale et philosophique…

L'échelle de Pauvmou

Force1 : faisait la gueule, s'est contenté d'un petit verre

Force2 : raisonnable, normal, standard dans le respect des traditions ancestrales : on ne part pas sur une patte.

Force3 : jamais deux sans trois… Simple application des principes du bon vieux temps. Un peu de rose aux joues, mais ça lui va bien.

Force4 : légèrement ému, mais encore rien de méchant, grâce à son perfectionnement intensif. Cependant, attention : la personne qui atteint force 4 alors qu'elle s'entraine peu, ou pire, pas du tout, commence à être un ou deux degrés plus haut… C'est un peu comme le principe de la température « ressentie »

Force5 : un petit peu « pompette ». La diction est encore quasi-intelligible, mais, il faudrait penser à lever le pied et non plus le coude.

Force6 : carrément pété. Et ça se remarque clairement. C'est là que les clignotants des alarmes internes sont tous au rouge. Au gros rouge, même. Mais la perception du client étant altérée, il s'en fout à sec et continue à parler avec son verre...

Force7 : grave bourré ! On ne comprend plus rien de ce qu'il dit. On le croirait la bouche remplie de sargasses... La démarche est sinusoïdale, mais ce n'est pas du pur sinus...

Force8 : saoul comme un Polonais. Les yeux vitreux sont désaxés. Peine à se mettre sur deux pattes et ne s'exprime plus que par onomatopées.

Force9 : raide défoncé. S'est pissé dessus. Persiste à rester vautré dans son vomi. Aucune capacité de mobilité. Un QI d'huître. Plus d'ami...

Force10 : plus de son, plus d'image. Inertie totale.

Force11 : comas éthylique, encéphalogramme plat

Force12 : décès dans la plus grande béatitude. Pet à son âme... Bienvenue au paradis

Conclusion :

Il n'y a décidément que rire que l'on peut faire sans modération, avant de grimper à l'échelle qui mène au paradis

PS Toute ressemblance avec des cas ayant été précédemment observés serait purement fortuite.

Une bonne nouvelle inattendue et salutaire…

Un jour, je vagabondais nonchalamment sur l'excellent site internet monbestseller.com.

Mon attention fut attirée par un article qui traitait d'un délicat sujet que je résumerais ainsi : les temps sont durs.

Lesquels ? L'hiver, l'automne… ?

Non. Le passé simple et le passé composé…

Ah, oui, en effet.

Il me prit alors l'envie de rebondir à cet article passionnant. **Je publiais un très court texte** inspiré du grand Raymond Devos dont je suis un admirateur béat.

Un miracle se produisit : la personne autrice de cette chronique, Colette Bacro, éminent professeur de lettres, me contacta par e-mail. Elle me livra **son ressenti sur mes quelques mots**.

Puis, après deux échanges d'e-mails amicaux, elle m'accorda fort gentiment une petite part de son temps afin de lire mon dernier roman, « **Les Admos** ». Puis elle le commenta…

Un électrochoc !

Découverte de Colette Bacro, une belle personne de grand talent

En définitive, la dureté de ses commentaires s'avéra constituer une vraie bonne nouvelle. Colette aimait beaucoup mon style. Mais elle avait été agacée par l'abondance de calembours et autres traits d'humour. J'en faisais alors grand usage, pensant réjouir ainsi mon auditoire. Elle argumenta tant et si bien que je fus convaincu d'avoir à rectifier, au plus vite le texte complet de ce roman. Il s'agissait, a minima, de le rendre lisible à des lectrices et lecteurs ne me connaissant pas. Les autres, quelques amis, risquant de passer outre mes excès en se disant : « Ah, ce brave vieux Domi, on croirait l'entendre nous raconter l'histoire lui-même ».

J'ai bien vite réagi !

Et donc, la bonne nouvelle, c'est que je décidais de travailler d'arrache-pied afin de remettre en ligne rapidement le texte intégralement retouché du roman « Les Admos », dûment épuré selon les conseils de Colette.

Pour celles et ceux qui ont acquis et/ou lu ce livre avant sa légère « refonte », je fournirais le nouveau texte par e-mail sur simple demande, cela va de soi.

Participation au Nettoyage du littoral de Saint-Martin en TenderCat

Printemps 2020, le déconfinement touche à sa fin. Petit à petit, les barrières se lèvent et la vie « moderne » reconquiert l'espace libre. Heureusement pas totalement identique à « l'avant », quoique, hélas, pas si éloigné, non plus…

Cette parenthèse forcée m'a donné l'opportunité de créer un nouveau type d'annexe à deux coques dont il n'existe pas d'équivalent sur le marché.

Après la réalisation d'une maquette naviguante au 1/10°, l'étape suivante a été une concrétisation en vraie grandeur cette fois…

Notre magnifique TenderCat est, à présent, réputée terminée.

La jolie balade à la voile d'hier, comprenait du vent de travers, du vent arrière et du louvoyage, qui consiste à tirer des bords pour remonter au vent. L'essai s'étant avéré concluant, il est devenu raisonnable de considérer qu'à partir de dorénavant, cette annexe-catamaran est totalement opérationnelle.

Attention, je mets ici en garde le lecteur féru d'orthographe. Le mot « annexe » désigne bien la fonction de l'objet, à l'exclusion de toute velléité de se prendre pour un adjectif.

En effet, cette TenderCat est tout ce qu'il y a de majeure et surtout pas annexe en l'occurrence… si vous me suivez… (Si vous ne me suivez pas, vous pouvez m'en avertir par courrier. En recommandé avec une enveloppe complètement timbrée pour la réponse par e-mail…). Je précise que le caractère « terminé » de l'embarcation n'exclut nullement la possibilité de lui opérer des améliorations. Par exemple celles qui voudront bien émerger de quelques agitations, toujours envisageables, de mes neurones survivants…

La nouvelle annexe TenderCat en action en faveur de l'environnement

L'embarcation, susnommée « Mamilou en short », peut s'enorgueillir d'avoir activement participé à une opération de nettoyage du littoral de Saint-Martin.

La mission, orchestrée par l'association « **Clean Saint-Martin** », concernait l'extrémité sud de la baie de Grand'case. Un endroit répondant au doux vocable de « Pointe Molly Smith ». Une palanquée de bénévoles s'y était donné rendez-vous à 8 h 30. Ceci afin de collecter immondices plastiques et cochonneries variées dans la joie et la bonne humeur.

Et alors, quoi ?

Eh bien, les quelques centaines de kilos de *merdasses* qui souillaient ce bel espace rocheux et sauvage.

En jouant à « **l'éboueur nautique** », la « Mamilou » a révélé une nouvelle facette de ses nombreux talents.

Ainsi donc, le dé-confinement post-covid aura accouché d'une jolie unité à deux coques, pleine d'attraits et de qualités diverses. Alors, nul doute que ces avantages réjouiront, sans tarder, ses propriétaires, ainsi que famille et amis.

Fabriquer soi-même une TenderCat en quelques heures seulement

De mon côté, ma mission suivante a été de rédiger un fascicule relatant, en l'explicitant, la fabrication de ce modeste catamaran ?

Et donc, n'importe quel amateur est actuellement en mesure de façonner lui-même sa TenderCat, qui dans son garage, qui dans son grenier, qui dans sa grange... Ou alors dans sa cave, dans sa salle à manger, dans sa chambre... Si ce n'est dans son bureau, dans un hall de gare, au presbytère ou que sais-je encore...

Bref, une réplique de « Mamilou en short » de la meilleure facture devient accessible au plus grand nombre !

Pour couronner le tout, un repas bien roboratif succéda à un apéro qui ne le fut pas moins.

En conclusion, je vais devoir vous laisser, car j'ai un opuscule à rédiger et la journée s'avance.

TABLE DES MATIÈRES